AF329912

Vicomte DE BONALD

SAUNHAC

1070-1926

Rouergue, Albigeois, Quercy, Périgord, Languedoc,

Pays des Landes,

Bordelais, Paris, Nouvelle-Orléans.

TOULOUSE

1926

SAUNHAC

(1070-1926)

Vicomte DE BONALD

SAUNHAC

1070-1926

Rouergue, Albigeois, Quercy, Périgord, Languedoc,

Pays des Landes,

Bordelais, Paris, Nouvelle-Orléans.

TOULOUSE

1926

SAUNHAC

(1070-1926).

Armes : *D'or au lion de sable, gueulé, armé, lampassé, couronné de gueules et entouré de douze carreaux de gueules posés en orle.*

Deux sauvages supportent un casque en profil avec des lambrequins et ayant pour cimier un hibou regardant en face, ailes éployées.

SAUNHAC, en Rouergue, Albigeois, Quercy, Périgord, Languedoc, Pays des Landes, Bordelais, Paris, Nouvelle-Orléans;

Comtes et Marquis de Villelongue, en Rouergue;

Barons de Belcastel, Ampiac, Castelmary, Verdun, Mirabel, en Rouergue; du Fossat, en Quercy; de Padiès, en Albigeois;

Seigneurs de Saunhac, Aiguesvives, Almayrac, Ampiac, les Angles, La Bastide, Belcastel, Belfort, Blauzac, la Bouyssounade, le Bouyssou, Brazac, Bréganty (Quercy), Cabanès, Cadars, la Calmette, la Calsade, la Capelle, Cassagnes-Comtaux (coseigneurie), Castan, Castanet, Castelmary, Castelviel, Château-Raynal (Albigeois), la Clausade (Quercy), la Combe, les Combettes, le Couderc, Crégols (Quercy), la Croze (*id.*), Drulhe, Ermenguil, Escartilhac, Fabrègues, Fijaguet, Flagnac, Flavin (Albigeois), le Fossat (Quercy), Fumel (*id.*), coseigneurie, Gaillardet (Quercy), la Galabrunette, la Garrigue, la Gasconie, Glassac, Gayrac (Quercy), Gramond, Josac, la Julie (Quercy), la Salle (Albigeois), Laurino (Calabre), Lax, Lestelle, Limayrac, Lodières, Lombarès (Quercy), Méjanès, Mirabel, Montalègre, Montolieu, la Mothe, la Mothe-Ferrensac (Quercy), la Navette, Onet, Padiès (Albigeois), Panat, le Pas, le Périé, Peyrolles (Quercy), Piles (*id.*), Platon (*id.*), Pomiès, la Poujade, Pradels, Puy-Vinsie (Albigeois), Quins, Reilhac, Rodelle, la Roque (Quercy), la Roquette, la Rouquette (Quercy), la Rousserie, Saint-Cyr-la-Popie (Quercy), Saint-Félix, Saint-Maximin, Saint-Mayme, Salan, la Séguinie, Servières, Soturac (Quercy), le Solier, la Souyrinie, Talespues, Tanus (Albigeois), Toisac, la Tour (Quercy), Trégols (*id.*), la Valette (*id.*), la Valette (Rouergue), Verdun, Vors, etc., etc.

INTRODUCTION

Il convient tout d'abord de remarquer que le nom de *Saunhac*, comme la plupart des noms propres, a été, dans les temps anciens, écrit de différentes manières. L'orthographe la plus usitée est *Saunhac*, mais, comme dans le Midi l'usage est de mouiller la lettre *h* quand elle est précédée de *l* ou de *n*, on écrivit indistinctement : *Saugnac, Saugniac, Sauniac, Sonhac, Soniac*, tandis que, dans les pays situés au nord de la Loire, on omettait le plus souvent la lettre *h* et cela amena les formes : *Saunac, Saunak, Saunaq*, etc.

On trouve aussi des exemples des formes : *Saougnac, Saouignac, Songnac, Songniac, Souignac, Sauignac* et même *Savignac*.

La plupart de Méridionaux prononcent la diphtongue *au* comme un *o* ouvert moyen, tel que *o* dans homme; aussi, par suite de la tendance bien naturelle qui nous porte à rapprocher le plus possible l'écriture de la prononciation, on vit apparaître les formes *Sonac* et *Sonnac*.

C'est surtout en Quercy, près de Figeac, et aussi dans l'Aveyron, sur les limites de ce département et de celui du Lot, qu'était usitée cette orthographe. Il y avait, près de Figeac, le château de Sonnac, et, non loin de là, dans l'Aveyron, à trois lieues environ de Figeac, se trouve aussi un village nommé Sonnac.

La branche de la Maison de Saunhac qui s'est établie en Amérique a adopté la forme *Soniat*.

Des copistes maladroits ont parfois confondu Saunhac et Savignac, comme on peut le voir dans le Père Anselme, où Jean de Saunhac Belcastel, qui épousa au quinzième siècle la fille du Comte d'Astarac, est devenu Jean de *Savignac Belcastel*.

Conformément à l'usage le plus répandu et aussi le plus ancien, nous écrirons toujours *Saunhac* excepté dans certaines citations, afin de respecter l'orthographe du texte, encore qu'elle soit erronée.

La Maison de Saunhac est aujourd'hui représentée par deux branches principales : celle d'Amérique et celle d'Aiguesvives ou de Talespues, en Rouergue. Celle-ci est maintenant établie à Toulouse et dans le Gers.

La branche d'Aiguesvives s'était perpétuée à Rodez jusqu'à ces dernières années et elle avait pour chef Léon de Saunhac, mort en 1900, laissant une sœur, la Vicomtesse de Bonald, décédée en 1905.

Mais il existe un rameau de cette branche, issu d'Eugène de Saunhac, inspecteur général des Haras et oncle de Léon de Saunhac.

De son mariage avec Mlle de Préserville, Eugène de Saunhac eut deux fils : Auguste, mort célibataire, et Henri, inspecteur général des Haras, marié à Mlle de Thézan.

Henri de Saunhac est mort il y a peu de temps. Il avait eu deux fils : Guillaume de Saunhac, mort à la guerre, et Jean, qui continue la famille.

Il convient de mentionner aussi deux rameaux séparés de la souche, depuis près de deux siècles, et qui existent encore dans le Tarn : ce sont les Saunhac de Tanus et de la Grandville.

On trouvera plus loin tous les renseignements que nous avons pu nous procurer sur eux.

Jusqu'à ces dernières années, on avait hésité sur la façon de relier à la souche les branches d'Aiguesvives de Colombiès et du Périé.

Grâce aux Archives des Saunhac du Périé, lesquelles me sont venues par l'entrée dans ma famille, vers la fin du dix-huitième siècle, de l'héritière de cette branche, j'ai pu découvrir le point de jonction qui nous était inconnu.

Dans le dossier des preuves de noblesse, faites par les Saunhac du Périé, se trouve le contrat de mariage de Jean de Saunhac de Colombiès. Or, dans ce contrat, Jean de Saunhac de Colombiès est assisté de *son frère* Pons de Saunhac, seigneur d'Aiguesvives, et parmi les témoins se trouve Jean de Saunhac Belcastel, chef de la maison de Saunhac, et qui est qualifié « frère de Jean de Saunhac Colombiès et de Pons de Saunhac », seigneur d'Aiguesvives.

La jonction des branches de Colombiès et de Talespues ou Aiguesvives, avec la souche Saunhac Belcastel, se trouve donc parfaitement établie.

Quant à la branche du Périé, elle se trouve également rattachée à la souche, puisque l'auteur de ce rameau était fils de Jean de Saunhac du Colombiès.

Du reste, nous reviendrons sur ce point quand nous donnerons la généalogie de ces diverses branches.

Au cours de nos recherches, nous avons vu dans les rôles de Vasconie, qui sont à Londres au British Museum, mais dont le texte a été publié en France et se trouve dans les Archives départementales, les noms de Pierre et de Vital de Saunhac, qui vivaient entre 1285 et 1316.

En 1313-1314, septième année du règne d'Édouard II, Vital de Saunhac était chargé de la garde du Mas d'Aire (f° 13, art. 3).

En 1315-1316, neuvième année du règne d'Édouard II, on lit que la garde *castri et bastidæ*, du Mas d'Aire, était confiée à Pierre de Saunhac (f° 20, art. 7).

Quelques années auparavant, en 1284-85 et en 1285-86, on trouve dans les mêmes rôles deux enquêtes relatives à certains dommages causés dans les bois de Saunhac. (P. J., n° 425).

Il y avait bien des bois, à Saunhac, paroisse de Notre-Dame-de-Vanc, à trois lieues de Rodez, mais le Rouergue n'ayant jamais fait partie de la Gascogne, comment ces bois pouvaient-ils figurer dans les rôles Vascons?

Vérification faite, il apparaît que le bois de Saunhac, dont Pierre et Vital étaient propriétaires, se trouvait non pas en Rouergue, mais dans les Landes, près de Dax et aux appartenances du village de Saugnac, qui existe encore aujourd'hui.

Il y avait donc des Saunhac dans les Landes aux treizième et quatorzième siècles. D'où venait-ils? On pourrait supposer qu'ils avaient été attirés dans cette région par la présence de Bertrand de Saunhac, chevalier de Saint-Jean de Jérusalem, commandeur des Commanderies de Bordeaux et d'Agen entre 1259 et 1297 (voir *Hist. du Quercy*, par Lacoste, t. II, p. 401).

Mais, pour vraisemblable que soit cette supposition, il faut bien reconnaître qu'elle ne repose sur aucune preuve.

Et, à ce propos, nous signalerons une coïncidence assez curieuse qui montre jusqu'à quel point il faut se méfier des déductions par trop faciles.

On peut voir dans les registres de l'état civil de Dax, en 1875, le décès de Jean-Henri de Saunhac, officier de Cavalerie; en 1898, celui de Justine de Saunhac, et, en 1899, celui de Joséphine de Saunhac.

Ainsi, au bout de six cents ans, voici le nom de Saunhac qui reparaît dans les Landes!

Hélas! cela ne nous apprendra pas grand'chose sur le compte de Pierre et de Vital de Saunhac.

Le Commandant de Saunhac, dernier représentant mâle de la branche de la Clausade, établie près de Capdrot, dans la Dordogne, avait pris sa retraite vers 1873 et il était allé s'installer à Dax, où habitaient deux de ses sœurs, dont l'une s'était mariée en cette ville vers 1825.

Nous allons maintenant donner la généalogie proprement dite de la Maison de Saunhac et, afin d'en rendre la lecture plus facile, nous renverrons à la fin les pièces justificatives. Celles-ci sont très nombreuses, et il ne serait guère possible de les intercaler dans le texte, à moins de rendre celui-ci assez fatigant à lire.

Le lecteur voudra bien se reporter aux références indiquées dans le texte.

GÉNÉALOGIE

La Maison de Saunhac paraît être originaire du Rouergue : c'est du moins à Rodez que nous voyons son nom pour la première fois. Il semble qu'elle l'ait tiré du village de Saunhac, situé à 15 kilomètres de Rodez, entre les stations de Salles-la-Source et de Nuces, qu'elle possédait encore en 1362, où nous voyons la distribution des biens de Jeanne de Saunhac, fille de Jean de Saunhac, seigneur de ce lieu (P. J., nº 70 *bis*).

C'est véritablement une maison d'ancienne chevalerie, car ses premiers auteurs sont qualifiés de « chevaliers » ou de « damoiseaux ». Dès son origine, elle possédait de grands biens, comme il est aisé de s'en convaincre en parcourant les Cartulaires des anciennes abbayes où son nom reparaît à chaque instant. C'est, d'ailleurs, à ses pieuses libéralités que nous devons de pouvoir établir filiation *ininterrompue, en ligne directe et naturelle, sans aucune substitution,* depuis le milieu du onzième siècle ou, plus exactement, depuis l'an 1070.

Ses possessions ont été très considérables et très nombreuses, soit en Rouergue, soit en Quercy, soit en Albigeois, soit en Périgord. Pendant plus de huit siècles, elle a constamment servi dans les armées.

En 1250, Guillaume de Sonnac, grand maître du Temple, périssait glorieusement au combat de la Massoure.

En 1918, Guillaume de Saunhac, capitaine d'infanterie, tombait sur le champ de bataille de Saint-Quentin.

PREMIER DEGRÉ

N... DE SAUNHAC, auquel un ancien Mémoire de famille attribue le prénom de Gui, vivait en 1070. Quoi qu'il en soit de l'exactitude de ce prénom, l'existence de N... de Saunhac est indiscutablement prouvée par celle de deux de ses fils : Raimond de Saunhac et Hugues de Saunhac, archidiacre de Rodez, son frère.

En effet, on voit dans le Cartulaire de Loc-Dieu, une donation faite à Amélius, abbé de Loc-Dieu. Amélius ayant gouverné Loc-Dieu de 1144 à 1159, c'est entre ces deux dates extrêmes qu'il faut placer la donation. Cette année-là, les donateurs, Hugues et Begon, donnent à Loc-Dieu le Mas d'Escartilhac (P. J., nᵒ 1). Or, dans une autre donation de 1168 (P. J., nᵒ 5), ils se disent fils de Raimond de Saunhac et neveux d'Hugues de Saunhac, archidiacre de Rodez, frère dudit Raimond (P. J., nᵒ 5), d'où il suit : 1ᵒ que Raimond et Hugues étaient frères; 2ᵒ qu'ils avaient forcément un père dont le prénom ne nous est pas connu d'une façon certaine.

Il est fort possible que le prénom de Gui soit exact, mais, ne voulant rien avancer qui ne soit absolument prouvé, nous nous bornerons à désigner par N... le père de Raymond et d'Hugues, qui est le premier auteur de la famille.

Nous avons dit que N... de Saunhac, auteur de la famille, vivait en 1070, mais il convient de justifier cette date.

La donation faite à l'abbé de Loc-Dieu se place entre 1144 et 1159. Prenons la date de 1159, la moins ancienne, bien qu'il fût plus régulier de prendre la date moyenne, soit 1152.

En 1159, au moment de la donation, les donateurs devaient être âgés de 25 ans au moins, ce qui reporte leur naissance vers 1132.

Au moment de leur naissance, leur père devait bien avoir lui aussi 25 ans. Nous voici donc amenés à conclure qu'il était né avant 1107. Et, maintenant, est-il exagéré de dire qu'à ce moment-là leur grand-père, N... de Saunhac, devait avoir environ 30 ans? Je ne le pense pas, d'autant qu'en ces temps reculés, les familles étaient généralement très nombreuses et que rien ne prouve qu'il n'y a pas eu d'autres sujets qui nous échappent.

Aussi je crois me tenir dans de très convenables limites en disant que N... de Saunhac vivait en 1070.

N... de Saunhac eut donc au moins deux fils mentionnés dans la donation faite par leurs petits-fils en 1159 :

1ᵒ Raymond I, qui suit;

2ᵒ Hugues, archidiacre de Rodez, frère du précédent et oncle d'Hugues I de Saunhac et de Bégon de la Tour, son frère (P. J., nᵒ 2).

DEUXIÈME DEGRÉ

RAYMOND I DE SAUNHAC vivait dans les premières années du douzième siècle et nous lui connaissons deux fils, les donateurs du Mas d'Escartilhac, qui, dans leur acte de donation, nous font connaître le nom de leur père, celui de leur oncle et l'existence de leur aïeul.

Ces deux fils furent :

1º HUGUES I, qui continua la descendance;

2º BÉGON dit DE LA TOUR. C'est, en effet, sous ce nom qu'il était connu. On sait qu'à cette époque reculée les cadets prenaient souvent un nom de terre et laissaient de côté leur véritable nom, ce qui rend parfois les recherches si difficiles, les membres d'une même famille portant fréquemment des noms différents. Ce fut évidemment le cas pour Bégon de la Tour, que nous voyons appelé tantôt Saunhac, tantôt la Tour. Il n'était pas seul à porter ce second nom et nous trouvons, toujours à la même époque, plusieurs la Tour mêlés aux Saunhac et qualifiés de parents; aussi M. de Barrau s'était-il demandé si Bégon de la Tour ou de Saunhac ne serait pas l'auteur des la Tour de Salles (Salles-la-Source), dont une branche s'établit en Quercy, où elle s'est longtemps perpétuée sous le nom de la Tour de l'Angle? Cela paraît fort probable (1). Remar-

---

(1) Cette branche de la Tour de l'Angle passa par l'Auvergne avant de s'établir en Quercy En voici la filiation. On remarquera que l'auteur de cette branche est qualifié « Damoiseau du Château Majeur de Salles Comtaux », ce qui ne laisse aucun doute sur son origine.

I. — RAIMOND DE LA TOUR, damoiseau du Château Majeur de Salles Comtaux, vivait au XIVᵉ siècle et il eut au moins deux enfants :

    1º HÉLÈNE, mariée à AMALVI DE BRENGUIER BERTHOLÈNE, lequel figure au Rôle des hommes d'armes de la Comté de Rodez, du 3 janvier 1386 (Barrau, t. III, p. 454).

    2º BOS ou BOTIUS, nommé dans deux quittances de 1365.

II. — BOS ou BOTIUS fut père de :

III. — RAYMOND DE LA TOUR, marié le 30 janvier 1343 à ALAZIE DE MURAT, dont il eut :

IV. — FLOTARD DE LA TOUR, marié à MARGUERITE DE BÉRENGER DE PLANAT le 9 janvier 1377, dont :

V. — RAMOND DE LA TOUR épouse, par contrat du 18 juin 1410, HÉLÈNE DE ROMAGNIÈRES, dont :

VI. — BERNARD DE LA TOUR, marié à Dˡˡᵉ JACQUETTE DU PUY. Il habitait, en 1444, au château de Salles, en Rouergue. Il fut père de :

VII. — RAMOND DE LA TOUR, marié à Dˡˡᵉ ISABELLE DE YLA (?), comme on le voit dans

quons, en passant, que la Tour est, à vol d'oiseau, à une distance
de deux ou trois kilomètres de Saunhac.

Tant y a que Bégon de la Tour fut père de :

> *A)* Auzilens ou Auzile de Saunhac de la Tour, femme
> de N... de Rames, connue par une donation qu'Adhémar
> de Rames, son fils, fit en 1196, au monastère de Bonne-
> combe et par une autre donation faite au même monastère,
> en 1198 (P. J., n° 13 et n° 14).

A cette même époque, nous trouvons Pons et Raymond de Saunhac
témoins, en 1181, d'une donation que fit Guilhem Engelberts, ainsi
que sa fille Uga et Rigal Peire, mari d'Uga, à Pons, abbé de Bonnecombe (P. J., n° 6 *bis*).

TROISIÈME DEGRÉ

HUGUES I DE SAUNHAC, fils de Raymond de Saunhac et
frère de Bégon de la Tour, était, comme on l'a vu, l'un des deux donateurs du Mas d'Escartilhac. Le nom de sa femme nous est inconnu,
et cela n'a rien de surprenant. A cette époque reculée, il était très
rare qu'une femme mariée fût désignée autrement que par un prénom :
il faut se méfier des généalogies qui donnent tous les noms des femmes
avant le commencement du treizième siècle.

---

des Lettres de la Chancellerie du Parlement de Toulouse en date du 25 octobre 1580.
Il fut père de :

VIII. — PONS DE LA TOUR, seigneur de Rochebrune, marié : 1° à D^{lle} Catherine de Bre-
zons; 2° à D^{lle} Marguerite de Murat, par contrat du 12 novembre 1529. Celle-ci
testa le 2 mai 1568.

IX. — HENRI DE LA TOUR, seigneur de Rochebrune, épousa D^{lle} Jeanne de Gaulejac
par contrat du 14 septembre 1558 (Castelly, not.) et il fut père de :

X. — DAVID DE LA TOUR, seigneur de Saint-Paul, en Rouergue (Saint-Paul était un des
trois châteaux qui étaient dans le bourg de Salles-Comtaux). Il épousa Jacque-
line d'Antraigues par contrat du 15 mars 1583 (Guirbal, not.). Il fut père de :

    1° Jean, qui suit;
    2° Henri, seigneur de la Peyre, en Jordanne, marié à D^{lle} Françoise de Ribier,
      Dame de la Peyre, le 18 juillet 1630 (Lacoste, not.);
    3° Pierre.

XI. — JEAN DE LA TOUR, seigneur de la Tour, Saint-Paul, etc., épousa, en 1616, Anne
de Loubens.

Sa descendance, rapportée dans Barrau jusqu'à Paul-Louis de la Tour de l'Angle, marié en
1709, s'est éteinte avec le petit-fils de celui-ci, Jean-Louis de la Tour, baron de l'Angle, mort
sans postérité en 1842 (Bonald, Doc. généal, p. 334).

Cette branche des la Tour a été maintenue en noblesse le 9 octobre 1666 et c'est d'après le
Jugement de maintenue, rendu par M. de Fortia, que nous avons rédigé cette généalogie.

Hugues I eut au moins cinq enfants :

1° HUGUES II, qui suit;

2° PIERRE-RAYMOND, chevalier, marié à RATEIRA. Le nom de celle-ci (lequel n'est qu'un prénom ou un surnom) nous est connu par une donation que ledit Pierre-Raimond, et sa femme Rateira, firent au monastère de Bonnecombe en 1212 (P. J., n° 17);

3° RAIMOND, religieux (P. J., n° 11);

4° SAURIMONDE (P. J., n° 11);

5° PÉTRONILLE (P. J., n° 11).

On voit encore une donation à Bonnecombe, faite en 1197, par les mêmes et dans laquelle le Comte de Rodez se porte garant des donateurs. Cela montre en quels termes les Saunhac, dès cette époque, étaient avec les Comtes de Rodez. Nous en aurons d'autres nombreux exemples (P. J., n° 11).

QUATRIÈME DEGRÉ

HUGUES II DE SAUNHAC, chevalier, fils d'Hugues I, fut en 1214, témoin de l'hommage rendu à Simon de Montfort par le Comte de Rodez (Bosc, *Mém.*, t. II, p. 92).

Hugues II se maria deux fois. Sa première femme se nommait *HUGUE DE LA BARRIÈRE*, ainsi que cela ressort d'une donation à Bonnecombe (P. J., n°17 *bis*).

Hugue de la Barrière appartenait à une maison d'ancienne chevalerie du Rouergue, connue dès 1180. En 1264, on trouve un Bégon de la Barrière figurant dans un acte de vente consentie au Comte de Rodez. Dans cet acte, il est dit que Bégon de la Barrière et Hugues de Saunhac vendent au Comte certains immeubles qu'ils possèdent à Rodez. Grâce à cette acquisition, le Comte put faire agrandir son château.

Le nom de la seconde femme d'Hugues II est inconnu et M. de Barrau a commis une erreur en disant qu'elle se nommait Garréjade de la Tour. Nous reviendrons plus bas sur cette erreur qui en a amené une autre (1).

---

(1) M. de Barrau ne commençant la filiation qu'à Hugues II, il faut prendre garde que cet Hugues qui est pour M. de Barrau Hugues I, est pour nous Hugues II. Cela pourrait amener une confusion si l'on n'était pas prévenu.

De son premier mariage avec Hugue de la Barrière, Hugues II laissa six enfants :

1º GUILLAUME DE SAUNHAC, damoiseau, seigneur de Saunhac, marié à BÉATRIX DE BUZEINS, fille d'Arnaud de Buzeins et de Gentiane de Montferrier. Béatrix de Buzeins possédait, paraît-il, des biens immenses. Elle testa, en 1294, et voulut être enterrée parmi les pauvres dans le cimetière, et non dans l'église de Buzeins. On voyait encore son tombeau en 1826, mais, depuis lors, il a été enlevé par ordre du curé de la paroisse (Barrau, t. II, p. 562).

De ce mariage, il n'y eut qu'une fille :

A) BRENGUIÈRE DE SAUNHAC, mariée à BRENGUIER BEUZON, chevalier (P. J., nᵒˢ 38, 47, 48, 49). On ne connaît pas de famille de ce nom-là et il se pourrait bien que « Beuzon » écrit aussi « Buezon, Bueuzons », fut une déformation de Buzeins.

Guillaume de Saunhac, seigneur de Saunhac, donna en emphythéose le Mas de Saunhac en 1282. Il est qualifié « damoiseau, fils et héritier de N... de Saunhac, chevalier du Bourg de Rodez » (Arch. Av., série C 1380 et P. J., nº 30 *bis*). Nous devons remarquer, en passant, que la ville de Rodez était divisée en deux parties : la Cité, qui appartenait à l'Évêque, et le Bourg, qui appartenait au Comte. Cela permettra d'entendre ces expressions : la Cité de Rodez, le Bourg de Rodez, qui reviennent sans cesse.

2º N... DE SAUNHAC, mariée à HUGUES DE VEZINS. Ce mariage, dont aucun généalogiste ne parle, nous a été révélé par un acte de 1277. Dans cet acte, Hugues, Brenguier, Pierre-Raymond et Pétronille de Saunhac, femme du chevalier Guitard, héritiers de « Monseigneur Hugues de Saunhac, leur père », vendent la moitié du Mas de Drulhe, l'autre moitié appartenant à Guillaume de Saunhac, leur « consanguin ». Ils mentionnent aussi leur « consanguine », femme d'Hugues de Vezins (P. J., nº 30).

Guillaume de Saunhac, damoiseau, qualifié « consanguin », était fils aîné et issu du premier mariage; ce fut lui qui hérita la terre de Saunhac, comme on le voit aux Archives de l'Aveyron (série C 1380). Il était, en effet, le frère « consanguin » d'Hugues III, Brenguier, Pétronille, etc. Par suite, on peut conclure que N... de Saunhac, femme d'Hugues de Vezins et qualifiée elle aussi « consanguine », était issue du premier mariage. Elle se trouvait donc être la propre sœur de Guillaume et la demi-sœur, ou, plus exactement, la sœur consanguine d'Hugues III, Brenguier, Pierre-Raymond I, etc.

De son second mariage avec N..., Hugues II laissa :

3º HUGUES III;

4º BRENGUIER;

5º PIERRE-RAIMOND I, qui suit;

6º PÉTRONILLE, mariée en 1277 à Guillaume Guitard, chevalier (P. J., nº 30).

L'existence de ces six enfants est établie par de nombreux actes et notamment par le nº 30 des pièces justificatives.

Nous avons déjà signalé l'erreur commise par M. de Barrau, qui donne pour femme à Hugues I de sa généalogie (Hugues II de la nôtre) Garréjade de la Tour, au lieu d'Hugue de la Barrière. Garréjade de la Tour fut la femme de Pierre-Raymond I de Saunhac, qui va suivre.

L'erreur de M. de Barrau provient de ce qu'il n'a connu qu'un seul Pierre-Raymond (alors qu'il y en a eu deux) : Pierre-Raymond I et Pierre-Raymond II, l'un le père, l'autre le fils.

Pierre-Raymond I avait épousé Garréjade de la Tour, et Pierre-Raymond II épousa Bertrande de Calmont. Le testament de Pierre-Raymond II, qui se trouve aux Archives de l'Aveyron, ne laisse aucun doute à cet égard (Arch. Av., série C, 1385, et P. J., nº 52).

Nous devons intercaler ici un groupe de sujets isolés auxquels il n'a pas été possible d'assigner une place précise dans la filiation. Cela n'a rien de surprenant, car en dehors de la lignée que nous venons de rapporter, il y avait d'autres branches dont nous ne connaissons que quelques représentants.

Tout d'abord, voici en 1111 HENRIETTE DE SAUNHAC, mariée à Charles de Cassagnes, seigneur du Cayla, dont les descendants sont connus aujourd'hui sous le nom de Miramon et habitent l'Auvergne.

Ainsi que nous l'avons dit plus haut, la désignation de son nom de famille à une date aussi reculée doit nous rendre très méfiants et nous croyons qu'il doit y avoir tout au moins une erreur de date.

Tel est l'avis de M. le Comte de Touchebœuf, qui a minutieusement examiné les Archives Saunhac et nous sommes bien tentés de nous y ranger.

Mais voici qui est plus sérieux. En 1165, MOLTO DE SAUNHAC fut témoin d'une sentence rendue entre le comte de Rodez Hugues II et son frère Hugues, évêque de Rodez, lequel mourut en 1214 après un épiscopat qui avait duré plus de cinquante ans (Bosc, *Mémoires*, t. III, p. 221).

Bernard de Saunhac fut témoin en 1217 d'une sentence de l'Official (P. J., n° 19).

Les « Milites de Sonnaco » tinrent une assemblée à Rocamadour en 1230 (Justel, *Preuves de la Maison de Turenne*).

Raoul de Sonnac, chevalier, était déjà mort en 1297, laissant sa veuve, nommée Gailharde, qui aida Barascon de Themines à fonder le monastère de Fieux, près de Figeac (il y avait, nous l'avons déjà dit, près de Figeac, un château de Sonnac).

Bertrand ou Bernard de Saunhac, chevalier de Saint-Jean de Jérusalem, était en 1259 commandeur des Commanderies de Bordeaux et d'Agen (Lacoste, *Hist. du Quercy*, t. II, pp. 401 et 278).

Fine de Saunhac, demeurant à Rodez, était morte en 1262 au plus tard et ses héritiers devaient 1.111 deniers pour les biens qu'elle possédait au Mas de las Forcas (Arch. Municip. de Rodez, Cité CC 35).

En 1268, on voit Pierre-Raymond de Saunhac, religieux (Arch. de Villelongue, déposées à la Soc. des Lettres de l'Aveyron).

Bos ou Boson de Saunhac était Doyen des Arques, au diocèse de Cahors, en 1271 (Arch. de M. Lacabane, de l'École des Chartes, à Fons, près de Figeac).

Bertrand de Saunhac, mari de Véréconde, damoiseau, possédait des biens à la Galabrunette (Arch. Av., C 1379).

Flors de Saunhac était abbesse du monastère Saint-Sernin, sous Rodez, en 1246, où elle reçut une reconnaissance en présence d'Hugues et de N... de Saunhac frères. — Il paraîtrait assez vraisemblable d'admettre qu'elle était sœur d'Hugues II (collection de Doat, vol. CXXXII, p. 286, Bibl. nat.).

La même, en 1251, donna aux habitants de Caissiols, près de Rodez, une Charte qui fut remise à l'un d'entre eux et qui, au commencement du dix-neuvième siècle, se trouvait entre les mains de M. Boutonnet, propriétaire audit village. Une copie de cette Charte fut produite peu de temps avant la Révolution, lors d'un procès survenu entre Jean Privat, prêtre, et Pierre Rodat.

Flors n'était plus abbesse en 1266, lorsque Jausionne de Saunhac, abbesse, reçut une donation de Bertrand de Calmont, damoiseau (Doat, vol. CXXXII, p. 297).

On voit aux Archives de l'Aveyron un titre de 1243, relatif à un différend survenu « entre Flors de Saunhac, abbesse, et Gibeline, princesse de Trébas » (Arch. Av., D 519).

En 1214, G... de Saunhac fut témoin d'une vente faite par le Comte de Rodez au Comte de Leicester, seigneur de Montfort (Arch. Av., Bureau des Finances, liasse A, Rodez, n° 4).

En 1314, Bernard de Saunhac, damoiseau, est mentionné dans *Gallia Christiana*.

En 1250, GUILLAUME DE SONNAC, grand maître des Templiers, fut tué à la Massoure. (P. J., n° 427.)

Suivant une tradition constante, Guillaume de Sonnac appartenait à la Maison de Saunhac, du Rouergue. Il est vrai que le Sire de Joinville dit qu'il était d'une maison distinguée « en Languedoc » et cette assertion a été reproduite par l'Auteur de l'*Art de Vérifier les Dates*, mais Joinville était Champenois et, pour lui, tous les pays situés au sud de la Loire constituaient ce que nous appelons le Midi, région vaste et indéterminée dont les gens du Nord n'avaient qu'une notion assez confuse : le Midi était pour eux ce que devait être plus tard le « pays des Teurs » pour les Tarasconnais !

Or, au temps de Joinville, le Languedoc était assurément la personnification la plus représentative de toutes les provinces du sud de la France. Ne demandons pas à Joinville des connaissances géographiques par trop précises que personne ne possédait à cette époque.

Mais, s'il avait existé une famille de Sonnac, « distinguée en Languedoc », celle-ci aurait été connue : les Grands Maîtres du Temple n'étaient pas, comme on dit vulgairement, les premiers venus; or, on ne connaît aucune famille de Languedoc qui ait revendiqué l'honneur d'avoir produit le grand maître Sonnac.

Il est vrai que, beaucoup plus tard, quelques auteurs ont avancé, sans aucune preuve, que Sonnac était originaire du Quercy. Cette hypothèse pourrait à la rigueur se justifier de deux manières différentes, selon l'époque où ces auteurs écrivaient.

Était-ce après 1530? En ce cas, la branche aînée de la Maison de Saunhac, ayant quitté le Rouergue pour aller s'établir au Fossat, près de Soturac, ils pouvaient, avec quelque raison, attribuer le grand maître au Quercy, puisqu'ils voyaient la Maison de Saunhac établie dans cette province.

Était-ce avant 1530? Ils n'avaient pas tout à fait tort, puisque nous avons vu près de Figeac un château de Sonnac où résidaient les « Milites de Sonnaco ». Cependant, il n'est pas établi que le grand maître appartînt aux « Milites de Sonnaco », et, d'autre part, il est fort possible que ceux-ci fussent une branche des Saunhac, du Rouergue, établie près de Figeac. Le Rouergue et le Quercy étaient limitrophes; à quatre lieues du village de Sonnac (Aveyron), on trouve le château de Sonnac, dans le Lot.

Ne peut-on pas admettre que les Saunhac, sortis du village de ce nom et établis à Rodez, se soient répandus aux environs en se dirigeant vers l'Ouest, obéissant à cet instinct qui nous pousse vers le soleil qui nous fuit ! La plupart des invasions n'ont-elles pas eu lieu d'Orient en Occident, et n'a-t-on pas constaté qu'en *règle générale* les villes tendent à s'étendre vers l'Ouest?

Voilà donc les Saunhac qui s'arrêtent non loin d'Asprières et fondent un village auquel leur nom demeurera attaché. Puis, ils s'avancent encore, franchissent le Lot et arrivent près de Figeac, où ils bâtissent un château qui portera leur nom.

La différence d'orthographe ne doit pas être considérée comme une difficulté, car le nom de « Saunhac » a été, en Rouergue même, écrit de toutes les manières possibles, nous l'avons déjà démontré, p. 1.

. Et comment se fait-il que, si plusieurs auteurs ont revendiqué le grand maître pour le Quercy, aucun d'entre eux n'ait dit : « Voici la Maison qui a produit Guillaume de Sonnac. » L'occasion semblait bonne et pourquoi n'en a-t-on pas profité?

C'est qu'on savait fort bien que Sonnac appartenait aux Saunhac du Rouergue qui, seuls, revendiquaient le grand maître. Le rôle considérable qu'ils jouèrent en Quercy même, lors des guerres de Religion, ne permettait pas de les ignorer.

Leur revendication ne date pas d'hier : elle date de près de sept cents ans!

On trouve dans la salle des Croisades, au Musée de Versailles, le nom de Guillaume de Sonnac au-dessus de son écusson qui porte non pas ses armes, mais celles du Temple. Ceci prouve qu'au moment où a été aménagée la salle des Croisades, aucune famille n'a revendiqué le grand maître. Seul, le baron de Saunhac du Fossat, chef de la famille, avait qualité pour intervenir; mais, déjà âgé et sans enfants, il ne fit aucune démarche.

N'était-il pas d'ailleurs certain que le grand maître figurerait dans le Musée de Versailles, sans qu'il fût nécessaire de demander son admission?

Au surplus, disons en passant qu'il ne faudrait pas attacher une trop grande importance à l'admission au Musée de Versailles. Si jamais on procédait à une revision, je crois que beaucoup de soi-disant Chevaliers-Croisés seraient chassés de la salle, faute d'avoir la robe nuptiale!

Parmi tant d'appelés, il y aurait peu d'élus. En effet, il se passa, sous Louis-Philippe, un fait qui mérite d'être rappelé, car il est peu connu.

Le nombre des familles qui pouvaient prouver, soit par l'histoire, soit par des titres authentiques, la présence de quelques-uns de leurs membres à telle ou telle Croisade, était fort restreint.

Or, tout d'un coup, on signala la découverte d'un nombre très considérable de Chartes qui, pour la plupart, étaient des actes d'emprunt souscrits par des Chevaliers-Croisés.

On sait que ceux-ci, se trouvant à court d'argent, s'adressaient à des marchands gênois qui leur avançaient quelques livres contre un acte d'emprunt.

Une partie de ces Chartes se trouve actuellement déposée à la Bibliothèque nationale et voici le copie textuelle de l'une d'elles :

« In presentia testium subscriptorum, Nobilis A. Bonald confessus « est mutuo recepisse à me T. Spinelli januensi cive, pro sociis meis « agente, L. libras turonenses, pro parte sua C. librarum sibi et Nobili « P. de Nemore, in solidum traditarum et ex nunc in annum redden- « darum, quarum L. Librarum de X. contentus est et reliquas recipiet « quando litteras suas patentes sigillatas in solidum, cum garrandia « Domini H. de Cropta mihi tradiderit. In cujus rei testimonium dictus « Dominus a signo suo se subscripsit.

« Testes sunt Domini J. de Chanaco, Jord. de Absaco, Anfr. Calvi, « M. de Dulce Aqua. Actum apud Tyrum, anno Domini MCXII mense « Maii. »

Une autre Charte, presque identique, constate un emprunt contracté par Roger de Bonald, Bérenger de la Fare, Pons de Bellac, etc., en 1250. (ces deux Chartes sont à la Bibliothèque Nationale, Manuscrits latins, 17. 803, n° 44 et n° 122.)

C'est à la découverte de ces Chartes au moment opportun que bon nombre de familles doivent leur admission à Versailles.

M. Borel d'Hauterive, M. de Barrau et d'autres n'ont pas manqué d'en faire état. Écoutons M. de Barrau : «... *Ces poudreux parchemins admirablement conservés, remplissent l'âme d'une sainte émotion, ils la remuent par tous ces noms célèbres qu'ils racontent, pour ainsi dire aux yeux comme à la pensée. Ils ont été écrits devant Tyr, Jaffa, Damiette, Saint-Jean d'Acre, à quelques pas peut-être de la tente de Saint-Louis, de Philippe-Auguste, de Richard Cœur de Lion!...* »

Hélas! que dirait-il si, revenant parmi nous, il apprenait que leur authenticité n'est rien moins qu'établie? Et c'est pourtant la vérité. M. Giry, dans son *Manuel de Diplomatique*, n'hésite pas à l'affirmer et à mettre ces documents au même rang que la fameuse Charte d'Alaon qui pendant de nombreux siècles a induit en erreur tous les paléographes. Et ce n'est pas la seule qui soit dans ce cas là.

Au demeurant, n'était-il pas quelque peu singulier de voir éclore tout à trac cette riche floraison d'actes, demeurés si longtemps inconnus? Voici la légende qui eut cours. Ces Chartes, disait-on, provenaient de la Société de Saint-Georges qui les avait reçues en dépôt, lors de sa fondation. Plus tard, elles furent pillées par les Armées de la République, lorsque celles-ci occupèrent la Ligurie et enfin, vers 1840 on les trouva à Paris dans le cabinet généalogique de M. Courtois qui ne tarda pas à les céder, sinon en totalité du moins en partie, à M. Le Tellier demeurant rue de la Villette, n° 16.

Or, c'était précisément à cette époque que l'on commença à aménager les salles des Croisades. Les détenteurs des Chartes écrivirent aux familles intéressées et celles-ci, en grand nombre, s'empressèrent d'acquérir le précieux « Sésame, ouvre-toi! » qui leur permit d'entrer à Versailles.

Comme le fait remarquer M. Giry, ce fut là une très fructueuse opération pour les détenteurs de ces Chartes.

Assurément, toutes ces Chartes ne sont pas fausses et dans le nombre il peut y en avoir d'authentiques qu'on a soigneusement copiées, en modifiant les noms, mais il est extrêmement difficile de distinguer les vraies des fausses.

Hâtons-nous d'ajouter que parmi les 700 familles dont les écussons figurent dans les salles des Croisades, il y en a beaucoup dont les noms ont été pris dans l'histoire ou dans les chroniqueurs du temps, tels qu'Albert, chanoine d'Aix (1120); Raymond d'Agiles, chanoine du Puy (1095); Guibert de Nogent (1100); Robert le Moine, Raoul de Caen (1100); Odon de Deuil (1148); Guillaume de Tyr (1180); Ville-hardouin (1204); Jacques de Vitry (1244); Joinville (1250), etc. Ce sont là d'excellentes sources qui doivent inspirer la plus grande confiance. Mais, parmi les quinze cents familles qui peuvent se réclamer d'une Charte, combien y en a-t-il qui puissent invoquer le témoignage d'un de ces chroniqueurs?

Il est bon de remarquer aussi que, même en admettant l'authenticité de ces Chartes dont la Bibliothèque Nationale ne possède qu'une partie, il resterait à rattacher de façon sûre et précise chaque Chevalier-croisé à la famille dont il porte le nom.

En effet, l'identité de nom n'implique pas *a priori* l'identité d'origine, attendu que le même nom est souvent porté par plusieurs familles entièrement étrangères les unes aux autres. -

En ce qui concerne le Rouergue, nous voyons que M. de Barrau donne une liste comprenant soixante-neuf Chevaliers-Croisés; or, si nous éliminons, comme étant hors de contestation quelques grands seigneurs, tels que Raymond IV de Toulouse, Bertrand de Toulouse, les Comtes de Rodez, le vicomte de Saint-Antonin, les seigneurs de Sévérac, etc., il reste une cinquantaine de familles et, parmi celles-ci il n'y en a guère plus de quinze qui puissent assigner dans leur filiation une place précise aux Chevaliers-Croisés de mêmes noms, dont l'existence est parfaitement établie.

On conviendra sans doute qu'il serait téméraire d'attribuer un Croisé de 1095 à une famille de même nom dont la filiation ne remonterait qu'à l'an 1350.

Après cette digression, nous reprenons la généalogie au point où nous l'avons laissée, c'est-à-dire au degré V.

CINQUIÈME DEGRÉ

PIERRE-RAIMOND I DE SAUNHAC, chevalier, fils d'Hugues II, épousa sa cousine, *GARREJADE DE LA TOUR*, sœur de Bos de la Tour. Il eut au moins cinq enfants :

1º PIERRE-RAIMOND II, qui suit;

2º HUGUES, moine à Bonnecombe;

3º HUGUETTE;

4º RAIMOND, moine à Marseille;

5º HÉLÈNE, mariée à son oncle, Bos de la Tour, frère de Garréjade.

Tous ces enfants sont nommés dans le testament de Pierre-Raimond II (Arch. Av. C, 1385, et P. J., nº 52).

SIXIÈME DEGRÉ

PIERRE-RAIMOND II DE SAUNHAC, damoiseau, seigneur de Montolieu, la Roquette, la Navette, Saint-Mayme, Onet, la Garrigue, la Calmette, la Bouyssonade, etc., dût mourir assez jeune, car il ne vivait plus en 1302, ainsi que cela est prouvé par un compromis de cette année-là où il est dit que Bertrande de Calmont, fille de feu Bertrand de Calmont, est veuve de Pierre-Raymond de Saunhac (P. J., nº 52 *bis*).

Pierre-Raymond II testa le 6 des ides de décembre 1299. Il fit des legs considérables à ses parents, à ses serviteurs et aux églises du pays (P. J., nº 52).

Il avait épousé *BERTRANDE DE CALMONT PLANCATGE*, fille de Bertrand de Calmont. Les Calmont Plancatge étaient une des familles les plus anciennes du Rouergue et connue depuis l'an 1174. C'est par erreur que certains généalogistes l'ont confondue avec la Maison de Caumont la Force, dont le nom patronymique est « Nompar ». Les seigneurs de Calmont habitaient non loin de Bonnecombe et les moines de cette abbaye leur accordèrent un des douze tombeaux qu'ils avaient aménagés dans leur cloître et qui étaient destinés aux familles les plus considérables du pays.

Bertrande de Calmont testa trois fois : 1º en 1299, en même temps que son mari (P. J., nº 52); 2º en 1313 (P. J., nº 53); 3º en 1323 (P. J., nº 59).

Elle ne vivait plus en 1347, ainsi que cela résulte d'un acte du 6 mai de cette année-là (P. J., no 66).

Pierre-Raimond et Bertrande de Calmont eurent au moins quatre enfants :

1o GUILLAUME DE SAUNHAC, qui suit;

2o RAYMOND, chanoine de Rodez, qui transigea, en 1340, avec Hugues d'Arpajon, au sujet de certains fiefs situés dans la baronnie de Calmont (Barrau, t. I, p. 257). Le même Raymond de Saunhac, chanoine, donna à Raymond de la Tour, damoiseau, procuration pour rendre hommage au seigneur d'Arpajon, le 19 avril 1347 (Archives de Calmont, no 14, fo 112). Le 6 mai suivant, ledit Raimond de la Tour rendit cet hommage au nom de Raymond, chanoine, et d'Amalric, son neveu et fils de Guillaume. (P. J., no 66).

Dans son testament, Raymond de Saunhac nomme Jausionne de Saunhac, sa nièce, femme dudit Amalric; Jeanne, religieuse à Millau, Bertrand et Amalric II, tous deux fils d'Amalric I de Saunhac son neveu, Hélène et Delphine, filles d'Amalric I (P. J., no 71);

3o ISABELLE, non mariée;

4o MARALDE, non mariée.

Tous ces enfants sont mentionnés dans le testament de leur père.

A la même époque, nous voyons un Pierre de Saunhac archidiacre de Rodez, qui fonda en l'église-cathédrale de Rodez une Chapellenie (Arch. Bonald, Fonds Boissière, vol. XII).

En 1313, Bertrande de Calmont et Guillaume de Saunhac, son fils aîné, avaient reçu une reconnaissance (P. J., no 54). Nous trouvons aussi, en 1323, une reconnaissance faite au Comte d'Armagnac par Bertrand de Saunhac et son fils. N'ayant d'autre renseignement que l'Inventaire des Archives de Tarn-et-Garonne, où est mentionnée cette reconnaissance, nous serions tenté de croire qu'il faut lire « Bertrande », au lieu de « Bertrand » et que, par suite, ladite reconnaissance était faite par Bertrande de Calmont et son fils.

Il n'y aurait rien d'invraisemblable à ce qu'on eût donné à Bertrande le nom de son mari; il est, d'ailleurs, très possible que le nom de Saunhac ait été interpolé. Nous ne trouvons aucun autre Bertrand à cette époque (Arch. Tarn-et-Gar. A, 72).

SEPTIÈME DEGRÉ

GUILLAUME I DE SAUNHAC, damoiseau, fils de Pierre-Raymond II et de Bertrande de Calmont, épousa, vers 1319, *FINETTE DE NATTES*, fille de Durand de Nattes. Elle appartenait à la famille de Nattes, qui existe encore et qui se fit remarquer par son courage lors de l'invasion anglaise, en Rouergue. En récompense de ses services, elle reçut, en 1369, des lettres d'anoblissement.

Nous avons deux quittances de la dot de Finette de Nattes, données par Guillaume de Saunhac à Durand de Nattes, son beau-père : l'une de 1320 et l'autre de 1321 (P. J., no 57).

En 1303, nous trouvons une donation faite par Guillaume de Saunhac, damoiseau, fils de Pierre-Raimond et de Bertrande de Calmont (Original Parchemin, Arch. Bonald).

De son mariage avec Finette de Nattes, Guillaume de Saunhac n'eut que deux enfants :

1o AMALRIC I, qui suit;

2o GARRÉJADE, dont on ignore la destinée.

(GUILLAUME I eut une fille naturelle : Gibeline).

HUITIÈME DEGRÉ

AMALRIC I DE SAUNHAC, chevalier, est qualifié dans de nombreux actes « noble et puissant homme ». On le voit mentionné, en 1347, par son procureur fondé de pouvoirs, dans un acte (P. J., no 65); dans le testament de son oncle, Raymond de Saunhac, chanoine (P. J., no 71); dans un compromis avec ses vassaux, en 1340 (P. J., no 64); dans un hommiage de 1352 (P. J., no 69); dans un lausime de 1361 (P. J., no 70); dans le contrat de mariage de son fils, où il est qualifié « noble et puissant homme, chevalier » (P. J., no 74), etc.

En 1365, il était consul du Bourg (Arch. Municip. de Rodez, Bourg BB, 2).

Il épousa sa cousine *JAUSIONNE DE SAUNHAC*, issue sans doute de quelque rameau que nous ne connaissons pas, et il eut cinq enfants.

C'est par le testament de Raymond de Saunhac, chanoine, que nous connaissons le nom de Jausionne, sa femme (P. J., no 71).

Voici les noms de ses enfants :

1o GUILLAUME II, qui suit;

2o BERTRAND;

3o AMALRIC II;

4o HÉLÈNE;

5o DELPHINE, mariée à noble Gailhard de Brossignac (P. J., no 101 *bis*)

6o JEANNE, religieuse à Millau.

Ces six enfants, à l'exception de Guillaume II, fils aîné, sont mentionnés dans le testament de Raymond de Saunhac, chanoine (P. J.-n° 71).

Amalric figura dans une montre de cinq chevaliers et de cent soixante-quatorze écuyers, le 2 juillet 13.. (Arch. de Mostuéjouls).

On trouve son nom dans de nombreux actes. Il ne vivait plus en 1374.

NEUVIÈME DEGRÉ

GUILLAUME II DE SAUNHAC, chevalier, seigneur de Belcastel, fut d'abord écuyer du Comte d'Armagnac, Jean II, et il rendit à celui-ci de grands services, car, pour le récompenser, le Comte Jean III d'Armagnac lui donna, le 6 février 1386, la partie de Belcastel qui lui appartenait (P. J., n° 85).

Cette terre avait été acquise du Roi par Jean I, Comte d'Armagnac, mari de Béatrix de Clermont.

Jean II, père du donateur, avait racheté la partie qui était tombée au pouvoir des ennemis du Roi, et Jean III en fit don à « son cher et fidèle écuyer Guillaume de Saunhac, pour le souvenir et reconnaissance des services infinis rendus à feu son père, tant en argent, qu'en la dépense pour faire la guerre avec son dit père et avec lui » (P. J., n° 85).

En 1396, le 25 septembre, on voit des lettres du Comte Bernard d'Armagnac confirmant le don fait par son frère Jean III (P. J., n° 89 *bis*).

Le 25 juillet 1377, Jean II, Comte d'Armagnac, avait confié à Guillaume de Saunhac la garde du château de Valsergues, et, dans son testament du 4 janvier 1384, il le nomma son exécuteur testamentaire.

En 1384, au mois de mai, Guillaume de Saunhac, qui avait suivi le Comte Jean II lorsque celui-ci se rendit en Avignon, où il mourut, fut témoin de la confirmation qu'il fit de son testament du 4 janvier 1382 (Barrau, t. I, p. 429).

En 1407, les Carmes de Saint-Antonin, réunis en chapitre général, le 23 avril, prirent une délibération aux termes de laquelle, en raison des innombrables services rendus à l'Ordre par « très haut et très puissant seigneur Guillemot de Saunhac, il sera fondé une messe quotidienne à la Sainte Vierge pour lui et ses descendants, à perpétuité, les rendant en outre participants à toutes les œuvres de piété de la communauté, voulant et entendant qu'au décès de chacun des membres de cette illustre famille, tous les religieux soient avertis pour la célébration du service funèbre » (Original sur parchemin scellé de deux sceaux, l'un du Couvent, l'autre de l'Ordre. Barrau, t. II, art. Saunhac).

Guillaume II de Saunhac épousa, en 1372, noble *MARGUERITE DE CHIRAC*, fille de noble et puissant homme Olivier de Chirac (P. J., n° 74).

Il laissa de son mariage :

1° ALZIAS I, qui suit;

2° JAUSIONNE, mariée le 13 mai 1389 à Gui de Mostuéjouls, fils de Gui de Mostuéjouls et de Cébélie de Montferrand;

3° RAYMONDE;

4° PIERRE, archidiacre de Saint-Bertrand-de-Comminges. (Barrau, t. III, p. 571, dans le contrat de mariage de Brenguier de la Grave et de J. de Mancip).

Guillaume était mort en 1374.

DIXIÈME DEGRÉ

ALZIAS I DE SAUNHAC, chevalier, baron de Belcastel, d'Ampiac, coseigneur de Cassagnes-Comtaux, etc., fut l'héritier de son père. On voit, en 1409, quinze reconnaissances en sa faveur (P. J., n° 104). Il avait fait construire une chapelle dans l'église de Saint-Amans, de Rodez (Arch. Municip. Bourg BB, 5).

En 1418, le 27 octobre, le Comte de Rodez lui donna la justice haute sur Montolieu, Saint-Mayme, la Roquette, Onet, etc. Ce fut lui qui fit bâtir l'église et le pont de Belcastel. Il est enterré dans l'église, où l'on voit son mausolée surmonté d'une statue de chevalier. Ses armes sont sculptées sur les clefs de voûte (1).

Sénéchal de Beaucaire, il fut nommé aussi sénéchal de Castres par la Reine et le Roi de Hongrie, Sicile, Croatie, Roumanie, Bulgarie.

La Reine Jeanne était en même temps Comtesse de Castres.

Le 30 octobre 1415, Alzias reçut en don de LL. MM. la terre de Laurino, en Calabre, et après avoir rendu hommage, il fut investi de ladite terre par l'anneau du Roi.

Le 29 juin 1416, en même temps qu'il était nommé sénéchal de Castres, il était élevé à la dignité de Conseiller d'État pour toutes les affaires du Roi et de la Reine en leur pays de France et de Hainaut, aux gages de 1.200 l., non compris ceux de 300 l. qu'il percevait déjà pour le Comté de Castres.

---

(1) Voir *Mémoires de la Société des Lettres de l'Aveyron*, t. IV, p. 529.

Alzias devait être fort riche, car on voit en 1425 un mandement du comte de Rodez à son trésorier à l'effet de rembourser audit Alzias 300 écus d'or prêtés au Comte et faisant partie de plus forte somme (Arch. Av., Bureau des Finances).

On voit, par ailleurs, qu'il figurait parmi les seigneurs qui avaient garanti au Duc d'Alençon 30.000 écus d'or (Arch. Av. C, 1617).

Le 3 janvier 1440, il reçut d'Hugues Bouissou (auteur des *Buisson Bournazel*) 8.000 écus d'or octroyés au Comte d'Armagnac lors du mariage de sa fille (Arch. Av. E. 1268).

Alzias était aussi capitaine du château de Penne, et il fut autorisé à cumuler cette fonction avec celle de sénéchal de Beaucaire (Arch. Villelongue, 15 février 1407).

En 1419, le 16 février, il rendit hommage au Comte d'Armagnac et il prêta le serment de fidélité, reconnaissant tenir « en fief franc, libre et honorable, la justice haute et autres droits accordés par ledit Seigneur Comte audit Alzias de Saunhac et à noble Dame Béatrix d'Ampiac, son épouse ».

Étaient présents à cet hommage : nobles et puissants seigneurs Messires Aimeric de Castelpers, vicomte d'Ambialet, Bertrand des Prés, seigneur de Montpézat, en Quercy, Ratier de Fénairols, sénéchal de Rodez, Vézian de Vezins, chevalier (P. J., n° 111).

En 1439, on trouve une procuration du 26 juin donnée par Alzias de Saunhac, chevalier, seigneur de Belcastel, Padiès, Ampiac, etc., et noble Dame Béatrix d'Ampiac, sa femme, pour rendre l'hommage qu'ils devaient à noble et puissant homme, Messire d'Arpajon, en raison de tous les fiefs qu'ils possédaient dans le mandement de Calmont (P. J., n° 114).

Alzias I avait épousé, vers 1396, *BÉATRIX D'AMPIAC*, fille de Gaillard d'Ampiac, damoiseau. La Maison d'Ampiac était fort ancienne : on voyait encore, il y a quelques années, le château de ce nom, vieille construction du treizième siècle. On apercevait une grosse tour où se trouvaient les armes des seigneurs : trois pommes de pin.

Depuis lors, la tour a été démolie en partie.

Alzias I ne vivait plus en 1448, où l'on voit les Consuls de Rodez délibérer au sujet de ses funérailles (P. J., n° 120 *bis*).

Alzias I paraît n'avoir eu qu'un fils, JEAN, qui suit.

ONZIÈME DEGRÉ

JEAN I DE SAUNHAC, chevalier, baron de Belcastel, de Mirabel, d'Ampiac, de Padiès, seigneur d'Onet, etc., fut un grand personnage.

Comme son père, il était fort riche et l'on voit une délégation que lui donna le Comté de Rodez pour le rembourser de 2.100 écus d'or qu'il lui avait prêtés (P. J., n° 121).

Il épousa vers 1420 *HÉLÈNE DE CASTELNAU BRÉTENOUX*, fille de Pons de Caylus, seigneur de Castelnau Brétenoux et de Bourguine de Guilhem de Clermont Lodève.

Hélène de Castelnau était nièce d'une tante d'Anne de Bretagne et, par suite, cousine germaine de celle-ci. On sait que le roi Charles VIII avait épousé Anne de Bretagne, Jean de Saunhac se trouvait donc cousin germain par alliance du Roi de France.

D'après un acte du milieu du quinzième siècle (1442), Jean de Saunhac se trouvait en Albigeois lorsqu'il donna quittance à Hugues Maestre, du lieu de Cabragines, paroisse de Tars, en Albigeois, de l'arrière acapte à lui due par la mort de noble et puissant homme, Messire Alzias de Saunhac, chevalier, son père, pour la quatrième partie de certaines terres, bois, prés, situés à Vertuech, aux appartenances de Château-Raynal, propriété dudit Saunhac (P. J., n° 120 *ter*).

En 1446, le 12 octobre, il se trouvait à l'Isle (1), où le Comte d'Armagnac se déclara satisfait de l'emploi de 9.000 écus destinés à délivrer ledit Comte et ses enfants détenus prisonniers à Carcassonne, somme que Jean I avait prise savoir : 5.590 écus neufs de Poncet de Niodan, seigneur de Volonzac, « amé et féal syndic d'écurie dudit Comte »; 410 écus de Mgr de Mondot de la Tour, chevalier, maître d'hôtel du Comte de la Marche, frère du Comte Jean IV; 3.000 écus du trésorier de Carcassonne; plus 1.590 écus pour les habillements de sa fille, la Princesse d'Auvergne (P. J., n° 120).

Deux ans plus tard, à Gages, le 17 décembre 1448, le Comte délégua à « son amé et féal chevalier et conseiller Messire Jean de Saunhac (le texte porte : Saouignac) seigneur de Beauchasteau (Belcastel), la somme de 2.100 écus d'or que ledit Saunhac lui avait prêtés pour ses affaires » (P. J. n° 121).

En 1443 le 7 février, les Consuls de Rodez ayant appris que le Dauphin « avait mis la Gascogne à sa main » et qu'il voulait y mettre aussi la ville de Rodez, décidèrent de nommer des conseillers un trésorier et un consul, pour voir sur quoi reposaient les prétentions du Dauphin. De plus, ils décidèrent de s'en rapporter à la décision de Guillaume de la Tour, évêque de Rodez.

Celui-ci, ayant reçu les Consuls, leur conseilla d'envoyer Messire Jean de Saunhac, chevalier et chancelier, vers le Dauphin pour lui représenter la pauvreté de la ville de Rodez (P. J., n° 116).

Deux ans plus tard, par une délibération générale de la Cité et du

---

(1) L'Isle-en-Jourdain (Gascogne)

Bourg, Jean de Saunhac fut nommé bailly d'épée de la Province
(P. J., n° 119).

Quelques années auparavant, en 1442, Jean I de Saunhac avait
fait partie de l'ambassade envoyée au Roi d'Angleterre par le Comte
d'Armagnac, dans les circonstances suivantes :

Après avoir conclu une trêve avec Henri VI, le Comte d'Armagnac
entama des négociations dont le résultat éventuel devait être de placer
une de ses filles sur le trône d'Angleterre. Au mois de mai 1442, cette
ambassade se mit en route ayant à sa tête Jean de Batut, archidiacre
de Saint-Antonin et chanoine de Rodez.

Le 13 mai 1442, Henri VI signait, à Westminster, un sauf-conduit
où sont nommés les ambassadeurs. Parmi ceux-ci se trouvaient Bégon
d'Estaing, Jean de la Panouse, Pons de Cardaillac, Bérenger d'Arpajon,
Jean de Solages, fils de Bégon d'Arjac-Solages, Jean I de Saunhac
et quelques seigneurs de l'Armagnac.

Cinquante autres personnes formaient l'escorte. Cette ambassade
trouva à Londres un excellent accueil et le Roi d'Angleterre s'empressa
d'envoyer en France ce que nous appellerions une Mission, pour débattre
les conditions du mariage projeté.

Cette Mission s'embarqua à Plymouth, le 10 juillet, sur la *Catherine*, de
Bayonne, et le 16 elle débarquait à Bordeaux, après six jours de voyage.

Mais déjà le Comte d'Armagnac regrettait sa démarche et, d'un
autre côté, le Roi d'Angleterre prétendait choisir celle des filles du
Comte qui lui plairait le mieux.

Seul, Jean de Batut était revenu en France, tandis que les autres
ambassadeurs étaient restés à Londres. Le Comte d'Armagnac, qui
craignait de mécontenter Charles VIII, ne songeait qu'à temporiser.

Le portrait de la fille du Comte demandé par le Roi d'Angleterre
n'arrivait pas à Londres, où le Roi commençait à s'impatienter.

Tandis que la Mission anglaise n'avait mis que six jours de Plymouth
à Bordeaux, les lettres mettaient un temps incroyable pour arriver
à destination. Une réponse datée du 15 septembre n'arrivait que le
11 octobre !

Il avait été décidé qu'un peintre anglais serait envoyé en France
pour faire le portrait de la fille du Comte. Ce peintre, nommé Hans,
avait promis de l'avoir terminé pour le 26 novembre. Le 10 janvier,
on n'avait encore rien reçu. Le froid, paraît-il, avait gelé les couleurs
et il fallait encore prendre patience !

Beckinton, l'un des envoyés du Roi, se rendit parfaitement compte
du mauvais vouloir du Comte d'Armagnac et il n'hésita pas à repartir
pour l'Angleterre. Toutes les négociations furent rompues, et l'année
suivante Henri VI épousait Marguerite d'Anjou (Bonald, *La Maison
d'Armagnac au quinzième siècle* pp. 21, 22, 23).

Jean I de Saunhac vivait encore en 1457, où il rendit hommage au Comte d'Arpajon (P. J., nᵒ 128 *bis*).

De son mariage, il eut cinq enfants :

1ᵒ ALZIAS II, qui suit;

2ᵒ ANTOINE, qui testa en 1467 et qui, dans son testament, nomme Hélène de Castelnau sa mère, et institue pour son héritier son neveu Jean II, fils d'Alzias II et de Cécile de Vergnes (P. J., nᵒ 131);

3ᵒ BOURGUINE, mariée en 1450 à Pierre de Sévérac Bedène (P. J., nᵒ 122);

4ᵒ GUILLAUME, seigneur de Padiès, en 1485 (P. J., nᵒ 134 *bis*);

5ᵒ FRANCOISE, mariée à Louis d'Hérail de Buzareingues, fils de Gui d'Hérail de Buzareingues d'Agen, et de Louise de Peyrebesse (P. J., nᵒ 133 *bis*).

DOUZIÈME DEGRÉ

ALZIAS II DE SAUNHAC, baron de Belcastel, Mirabel, Ampiac, Castelmary et Verdun, seigneur de la Mothe, etc., épousa en 1452 *CÉCILE DE VERGNES*, fille d'Amalric de Vergnes, chevalier, et d'Isabelle de Comminges. Les futurs époux étant cousins issus de germains, il fallut une dispense.

Dans un lausime du 23 février 1456. nous voyons que Cécile de Vergnes était Dame de Castelmary, Verdun, Blauzac, Peyrolles, etc. Elle est qualifiée de la même façon dans un autre lausime du 6 mai 1456, où Jean I de Saunhac, son beau-père, agit comme légitime administrateur de noble Alzias II, son fils, et comme curateur de Cécile de Vergnes. Alzias II avait dû se marier fort jeune.

Nous le voyons figurer dans un acte du 29 août 1463, où il est dit que noble homme Alzias de Saunhac, seigneur de Belcastel, Ampiac, la Roquette Castelmary, la Bouyssonade, Verdun, Château-Raynal, Padiès, le Solier, reconnaît devoir à Frère Raymond Massip, moine à Conques, 20 écus d'or restant du prix de deux roussins, l'un « more », l'autre « blanc », vendus audit Saunhac, en présence de Déodat de Morlhon, d'Asprières, et de Christophe de Belcastel, seigneur de la Pradelle (Jean Vaccas, Not.).

On peut voir dans les Archives du Parlement un dossier relatif à une contestation entre lui et Yrlande Sabatier, en 1463 (Arch. du Parl., série C, 25 mai, 10 et 13 août 1463).

Il mourut avant le 15 octobre 1488, où sa veuve figure dans une vente consentie à noble Bertrand de Vilard (Arch. Av. E, 1090, et P. J., n° 135).

Alzias II laissa deux enfants :

1° JEAN II, qui suit;

2° PONS DE SAUNHAC, chevalier de Malte, qui donna en 1489 une quittance de 44 livres à noble Hélix Guitard, femme d'Azémar Jouéry, seigneur du Claux (P. J., n° 106 *bis*). Le même vendit ses droits successifs en 1491 à ladite Hélix Guitard, qui lui avait prêté de l'argent en vue de son prochain départ pour Rhodes, où il devait être reçu chevalier (P. J., n° 138 *bis*).

TREIZIÈME DEGRÉ

JEAN II DE SAUNHAC, chevalier, baron de Belcastel, Mirabel, Ampiac, Verdun, Castelmary, Padiès, seigneur d'Onet, Blauzac, Peyrolles, etc., fut, en 1467, héritier testamentaire de son oncle, Antoine de Saunhac (P. J., n° 131).

En 1471, nous trouvons un arrêt du Grand Conseil, rendu à Orléans, et enjoignant à Georges Vigouroux, de Rodez, de rendre à Jean II de Saunhac la terre de Verdun, celle de la Mothe et leurs dépendances.

Ces terres avaient été engagées par Alzias II à Vigouroux, au moment où ledit Alzias s'équipait pour le service de l'arrière ban.

Jean II ayant été émancipé vers 1453, ses parents lui avaient cédé leurs droits sur les terres engagées à Georges Vigouroux (P. J., n° 132).

Jean II figure parmi les témoins de l'élection de François d'Estaing, évêque de Rodez, et son nom se trouve dans le procès-verbal en 1501.

Il se maria trois fois :

Sa première femme fut ANNE DE TOULOUSE-LAUTREC, fille d'Antoine de Toulouse, vicomte de Lautrec-Montfa et d'Antoinette d'Apchier. Anne de Toulouse appartenait à la branche dite de Ferrals et elle descendait à la dixième génération de Baudouin de Toulouse, fils de Raimond V et de Constance de France, fille de Louis le Gros.

Le mariage eut lieu vers 1478. Le contrat est rappelé lors du troisième mariage en 1489.

En deuxièmes noces, il épousa « ILLUSTRE DAME MARIE D'ASTARAC, fille de feu Égrège et puissant prince, M. Jean, comte d'Astarac », et de noble et puissante Dame Jeanne de Coarraze (*alias* Caderousse ou encore « Canda Rossa »), comtesse, veuve, qui assista la future épouse ainsi que son frère, « illustre et puissant prince, Mgr Jean, comte d'Astarac » (*Hist. des Grands Off. de la Couronne*, art. Astarac, et P. J., 133).

Il épousa, en troisièmes noces, le 6 juin 1489, noble MARGUERITE DE CAUSSADE, fille de haut et puissant seigneur Jean de Caussade, chevalier, vicomte de Calvignac, baron de Puycornet, et de noble Gabrielle de Pierrefort.

Dans ce contrat de mariage, il est dit que le marié n'avait eu que deux filles de feu Anne de Toulouse-Lautrec : ainsi est établi son premier mariage.

Hélène de Castelnau-Brétenoux, sa grand'mère, vivait encore ainsi que Cécile de Vergnes, sa mère (P. J., no 172).

Ce contrat de mariage a été produit devant le Parlement de Toulouse lors du procès des Trois Veuves, dont il sera parlé plus loin.

On voit encore, en 1494, le 13 février, une obligation par noble Raimond de Caussade à Jean II de Saunhac, qui avait garanti une dette dudit Caussade envers noble Mathelin Gauthier de Savignac (P. J., no 140). Ce Gauthier de Savignac, que quelques auteurs ont cru à tort être un Saunhac (prenant son nom patronymique de Gauthier pour un prénom), appartenait à une maison de chevalerie dont un membre, alla à la première croisade (*Hist. des Croisades*, par Maimbourg, t. I, pp. 75 et 100). Le nom de Savignac lui venait d'une alliance avec les Najac, seigneurs de Savignac. Il paraît aussi que ce même Mathelin échangea, en février 1454, quelques terres avec Jean II de Saunhac, seigneur de Belcastel (Barrau, t. III, p. 60).

Le dernier descendant de Mathelin fut Gauthier, coseigneur de Savignac, farouche Calviniste, tué à Graves en 1562 (Barrau, *ibid.*).

Nous avons un parchemin assez curieux concernant cet événement (Arch. Bonald, Fonds Boissière, no 1.376, Parch. 152).

Jean II de Saunhac eut douze enfants :

1o MARIE DE SAUNHAC, mariée en 1493 à noble Antoine de Mancip de Flars, laquelle hérita de son mari et fit héritière sa fille, Marie de Mancip, mariée à Jean de Cassagnes Beaufort Miramon (P. J., no 139);

2o JEANNE, mariée à N..., de Larbosc d'Aure.

Marie et Jeanne étaient filles d'Anne de Toulouse.

3o BERTRAND DE SAUNHAC, chevalier de Saint-Jean de Jérusalem, commandeur en 1519. Il est nommé dans le testament de sa sœur consanguine, Françoise, dont il va être parlé (P. J., no 148).

Bertrand fut le seul enfant du deuxième mariage.

4º CLÉMENS DE SAUNHAC, prieur d'Arques;

5º JEAN III, qui suit;

6º ANTOINE;

7º GUION DE SAUNHAC, seigneur de Belfort, qui fit une donation à son neveu Clémens II de Saunhac, 'e 24 septembre 1550 (P. J., nº 157);

8º FRANÇOIS DE SAUNHAC, auteur de la Br., du Fossat;

9º FRANÇOISE, femme de noble Aldebert de Mandagot. Elle avait épousé en premières noces le seigneur de Saint-Géry. Elle testa le 21 mai 1539, au château de Mézerac et nomma, pour exécuteurs testamentaires, Jean et Bertrand de Saunhac (P. J., nº 148);

10º JEAN PONS DE SAUNHAC, auteur de la branche d'Aiguesvives ou de Talespues (P. J., nº 145 *bis*);

11º JEAN DE SAUNHAC, auteur de la branche de Colombiès (P. J., nº 145 *bis*);

12º BERNARD DE SAUNHAC, auteur de la branche de Limayrac (P. J., nº 145 *bis*).

Jean II de Saunhac testa plusieurs fois et notamment en 1519. Ce testament fut reçu par Étienne Valieyre Not.

Son premier testament était du 9 février 1483 (P. J., nº 133 *ter*) Il y instituait pour héritière Marie d'Astarac.

QUATORZIÈME DEGRÉ

JEAN III DE SAUNHAC, baron de Belcastel, Verdun, Ampiac, seigneur de la Mothe, Salan, etc., succéda à son père et il épousa en premières noces :

1º Le 28 mai 1509, *HÉLÈNE DE ROSSET* (*aliàs* Rousset), fille de Jacques de Rosset et d'Isabeau de Beaufort (P. J., nº 142);

2º *NORETTE DE CARBON.*

En 1540, nous trouvons un dénombrement fait en vue du ban, par devant Antoine de Ferrandie, par le procureur de Jean III. La teneur de cette pièce donne de nombreux renseignements sur les possessions de Jean III. Cette pièce fut produite lors du procès des Trois Veuves, et elle était à ce moment-là au pouvoir de Me Veyro, procureur au Parlement.

Jean III testa le 15 septembre 1548 au château de Sanvensa, en

Rouergue. Il voulut être enterré, comme son père, en l'église de Belcastel. Trois cents prêtres devaient assister à ses funérailles, au service de quarantaine et à celui du bout de l'an (P. J., n° 155).

Son père avait également ordonné ses funérailles de la même façon (P. J., n° 155).

Les enfants de Jean III furent au nombre de six :

1° CLÉMENS, qui suit;

2° RAIMOND;

3° MARIE, qui épousa le 15 mars 1546 Jean de Morlhon, baron de Sanvensa, et qui eut en dot 10.000 livres;

4° GEORGES qui testa en 1554. le 30 mars, au moment de partir pour la Picardie, où l'appelait le service du roi (P. J., n° 160);

5° ANTOINE;

6° GUION, chevalier de Malte, en 1550, mentionné dans le catalogue de Vertot. Cette année-là, Guion céda à Clémens, son frère, tous ses droits, en présence de Georges et d'Antoine, ses frères, majeurs de dix-huit ans et mineurs de vingt-cinq. Cette donation, faite par devant le notaire de Ruppe, fut insinuée à Villefranche, le 18 août 1551 (P. J., n° 156 et n° 177 *bis*).

Jean III de Saunhac était mort avant le 24 septembre 1550, comme on le voit dans la donation de Guion de Saunhac de Belfort à son neveu Clémens (P. J., n° 157).

Nous avons vu que Marie de Saunhac, fille de Jean III, avait épousé Jean de Morlhon, sénéchal du Rouergue, baron de Sanvensa. Celui-ci avait été assassiné à Villefranche-de-Rouergue, lors d'une émeute, en 1597. Deux ans s'étaient écoulés depuis lors, et les États du Rouergue étaient assemblés. Chaque jour, après les séances, les gentilshommes qui siégeaient aux États avaient coutume de se promener au bord de l'Aveyron, sur l'allée qui porte aujourd'hui le nom de cours Saint-Jean.

Le lieutenant d'Ambès, qui avait été, paraît-il, l'instigateur du meurtre de Morlhon, affectait de s'y trouver aussi, comme s'il eût voulu braver les nombreux parents et amis du baron de Sanvensa.

Il s'y trouvait notamment le 6 mai 1599 lorsque, tout à coup, on aperçut un inconnu venant du côté du Temple, qui traversa la rivière suivi de ses pages et vint s'arrêter devant M. d'Ambès.

Après avoir mis pied à terre, il s'approche du lieutenant et lui demande s'il est bien M. d'Ambès. Sur sa réponse affirmative, il lui tire aussitôt deux coups de pistolet qui l'étendent raide mort, puis il remonte tranquillement sur son palefroi, repasse la rivière et regagne sa demeure sans être aucunement inquiété.

L'inconnu, on l'a deviné, n'était autre que Marie de Saunhac qui venait de venger la mort de son mari.

QUINZIÈME DEGRÉ

CLÉMENS DE SAUNHAC, baron de Belcastel, Ampiac, Verdun, Servières, etc., obtint en 1560, une autorisation du roi à l'effet de « porter, lui, dixième, arquebuses, pistolets et armes défensives et offensives, nonobstant toutes défenses et prohibitions contraires, lesquelles ne peuvent avoir lieu pour le seigneur de Belcastel » (P. J., n° 165).

Il épousa par contrat de mariage post-nuptial *Demoiselle HÉLÈNE DE MONTBRON*, fille de noble et puissant seigneur Messire Adrien de Montbron, baron d'Archiac, et de Dame Marguerite d'Archiac. La dot de la mariée était de 9.000 livres (P. J., n° 145).

Parmi les témoins de ce mariage figure Bernard de Saunhac, oncle du marié, et qui doit être Bernard de Saunhac de Limayrac.

Clémens n'eut pas d'enfants et il institua pour son héritière Hélène de Montbron, sa femme, par testament du 15 avril 1552 et par codicille du 12 novembre 1558 (P. J., n°s 159 et 164).

Il ne vivait plus le 1er mars 1563, car, à cette date, le procès des Trois Veuves était déjà engagé.

Avec Clémens, s'éteignit la branche aînée à laquelle allait succéder la branche du Fossat.

Clémens était chevalier de l'Ordre du Roi. Il avait commandé l'arrière ban du Rouergue, ainsi que cela résulte d'un certificat du 5 novembre 1562, par lequel Clémens de Saunhac atteste que noble Jean de Cassagnes, seigneur du Cayla, a pris part à la montre dudit arrière ban à Rieupeyroux (P. J., n° 170).

Il serait trop long et trop difficile de raconter par le menu le procès qui commença à la mort de Clémens de Saunhac et dont le résultat fut le démembrement de la fortune, alors très considérable de la Maison de Saunhac, mais nous puiserons dans le dossier l'énumération de plusieurs pièces qui intéressent la filiation.

Ces pièces ayant été visées et discutées par le Parlement, ont acquis par le fait même une valeur considérable.

Voici celles qui offrent quelque intérêt au point de vue généalogique :

1° Testament de Clémens de Saunhac, du 7 avril 1552 (P. J., n° 159);

2º Codicille du même, le 12 novembre 1558 (P. J., nº 164);

3º Mariage de Clémens de Saunhac avec Hélène de Montbron (P. J. nº 145);

4º Mariage de Jean III de Saunhac, second fils de Jean II et de Marguerite de Caussade, avec Hélène de Rosset (P. J., nº 142);

5º Testament de Jean III, du 1er septembre 1548 (P. J., 155);

6º Codicille du lendemain (P. J., nº 172);

7º Mariage de Jean II avec Marie d'Astarac, du 1er octobre 1481 (P. J., nº 133 et nº 172);

8º Cession par Bertrand de Saunhac, fils de Marie d'Astarac, en date du 28 mai 1507 (P. J., nº 172);

9º Quittance par le dit Bertrand de Saunhac, fils de Marie d'Astarac, le 11 mai 1528 (P. J. nº 172);

10º Mariage de Jean II avec Marguerite de Caussade, du 8 juin 1489 (P. J. nº 136);

11º Testament de Jacques de Beaufort, du 9 décembre-25 février 1520 (P. J., nº 172);

12º Testament d'Isabelle de Beaufort, du 25 février 1520 (P. J., nº 172), etc.

La Cour maintient Hélène de Montbron en possession du tiers des biens de la Maison de Saunhac Belcastel.

Maintient Marie de Saunhac, femme de Jean de Morlhon, en possession des biens acquis par Jean III, ainsi que du sixième des biens de la Maison de Saunhac Belcastel.

Maintient Jeanne de Peyrolles, veuve de François de Saunhac, du Fossat, en la possession du restant des biens de la Maison de Saunhac Belcastel.

Voilà donc la part des Trois Veuves.

La Cour maintient aussi Marie de Mancip, petite-fille de Jean II de Saunhac, fille de Marie de Saunhac, mariée à Antoine de Mancip, de Flars, en la possession des biens de la Maison de Beaufort, ayant appartenu à Jacques et à Isabeau de Beaufort. Marie de Mancip épousa Jean de Cassagnes, qui prit le nom de Beaufort, auquel il devait joindre plus tard celui de Miramon, sous lequel est actuellement connue sa descendance.

Clémens de Saunhac avait fait son dernier codicille en 1558. Le dernier arrêt que nous trouvions relatif au procès est du 2 mai 1565.

On voit que la justice allait avec une sage lenteur, d'où il ne faudrait pas conclure, comme font à tort quelques-uns, qu'elle fût boiteuse!

Tant y a que l'issue de ce procès ne contenta personne et le patrimoine de la Maison de Saunhac fut complètement démembré.

BRANCHE DU FOSSAT

QUATORZIÈME DEGRÉ

FRANÇOIS DE SAUNHAC, baron du Fossat, était, comme on l'a vu Degré XIII, fils de Jean II de Saunhac et de sa troisième femme, Marguerite de Caussade.

Dans son testament, il est qualifié « écuyer », seigneur du Fossat, Bréganty, Crégols, Trégols.

Il épousa, le 9 février 1538, *Demoiselle JEANNE DE PEYROLLES*, fille de noble Antoine de Peyrolles, seigneur dudit lieu, au diocèse d'Albi. Le nom de la mère de Jeanne de Peyrolles n'est pas indiqué dans le contrat de mariage qui fut retenu par Vital Taurini Not. (P. J., n° 146).

Le même jour, Jeanne de Peyrolles avait fait une renonciation en faveur de noble Antoine, son père (P. J., n°. 147).

Le 13 janvier 1542, Messire Jean de Caussade, seigneur de Puy-cornet, protonotaire apostolique, fit héritier noble François de Saunhac, du Fossat, son neveu par sa sœur (P. J., n° 151).

On voit encore une transaction du 26 juillet 1542 entre François de Caussade, héritier de son oncle Raymond de Caussade et Jean de Caussade, protonotaire, frère dudit Raymond, d'une part, et noble François de Saunhac du Fossat, donataire dudit Jean de Caussade, d'autre part, touchant la succession dudit Raymond (P. J., n° 152).

En 1551, le 25 novembre, François de Saunhac fut cotisé au dénombrement du ban pour un quart d'archer (P. J., n° 185).

François de Saunhac du Fossat, testa le 21 juin 1557 par devant Siscam, not. (P. J., n° 163).

Dans ce testament, il mentionne Pierre, Bertrand, Jean, Louise, Hélène, Jeanne et autre Jeanne, et il institue Jean, son fils aîné.

Jeanne de Peyrolles testa le 3 mai 1561, étant veuve, et elle institua aussi son fils aîné (P. J., n°s 169 et 363 *bis*).

François, était donc mort avant le 3 mai 1561.

Il laissa :

1° JEAN, héritier, marié à Catherine de Reilhac. On ne sait rien ni sur lui, ni sur sa femme qui, peut-être, appartenait aux Reilhac, du Rouergue (P. J., n° 178);

2º PIERRE, qui suit;

3º BERTRAND, auteur de la branche d'Ampiac, rapportée plus loin;

4º LOUISE, religieuse et prieure de Bouysse;

5º HÉLÈNE, mariée le 24 avril 1560 à noble Arnaud de Foyssat, seigneur de Foyssat (P. J., nº 168);

6º JEAN;

7º JEANNE, mariée à N... de Loupdat;

8º Autre JEANNE.

QUINZIÈME DEGRÉ

PIERRE DE SAUNHAC, baron du Fossat, seigneur de Bréganty, Crégols, Trégols, etc., épousa, le 9 février 1570, *MARQUÈSE DE GIRONDE*, fille de Messire Brandelis de Gironde, seigneur de Montclera, et chevalier de l'Ordre du Roi (P. J., nº 174).

Pierre de Saunhac est mentionné dans le contrat de mariage de son frère Bertrand et dans les arrêts du Parlement, cités plus haut (P. J., nº 176).

Il eut trois fils :

1º RAYMOND, qui suit;

2º BERTRAND, auteur de la branche de la Mothe;

3º GUION, auteur de la branche de la Clausade.

SEIZIÈME DEGRÉ

RAYMOND DE SAUNHAC, baron du Fossat et de Verdun, gentilhomme de la Chambre du Roi avant 1607 (P. J., nº 208 et nº 210), épousa, le 15 novembre 1592, au château de Lauzun, en Agénois, *Demoiselle FRANÇOISE DE FUMEL*, fille de François de Fumel et de Dame Jeanne de Caumont, assistée du consentement de haute et puissante Dame Gabrielle de Verdun d'Hautesvignes, aïeule de ladite Demoiselle de Fumel et de haut et puissant seigneur, Messire Jean de Montferran, baron de Cangnon, chevalier de l'Ordre du Roi.

En présence de très haute et très puissante Dame Charlotte de la Roche Chandry, Dame douairière de Lauzun, très haut et très puissant seigneur Messire Gabriel Nompar de Caumont, chevalier des Ordres du Roi, comte de Lauzun, etc., conseiller au Conseil d'État, capitaine de cinquante hommes d'armes,

Très haute et très puissante Dame Charlotte d'Estissac, épouse dudit Lauzun,

Haute et puissante Dame Jeanne de Caumont, veuve de haut et puissant seigneur, François de Fumel, etc. (P. J., n° 182 *bis* et 426).

En 1607, le 22 octobre, il rendit hommage au Roi, comte de Quercy, en la personne de M. de Peyrusse, juge mage délégué, et il rendit aussi hommage au Roi au nom de sa tante Hélène de Saunhac, Dame de Gaudusson, héritière de son mari Arnaud de Foyssat (P. J., n° 208).

Au mois de février 1607, on voit des lettres d'État d'Henri IV, desquelles il ressort que Raymond de Saunhac avait, en 1605, assisté à une assemblée tenue au mois de juin dans le bois de las Mazades, en Périgord. Étaient présents : les sieurs de la Chapelle, de Biron, de Tayac, de Giversac, de Rinhac, de Bassinhac, etc.

Il fut décidé qu'on tiendrait le parti du duc de Bouillon, qui s'était soustrait à l'obéissance au Roi et qu'on tâcherait de surprendre quelques places en Guienne.

Raymond de Saunhac et Bertrand, seigneur de Bréganty, son frère, se joignirent à ces seigneurs, mais, au bout de quelques mois, ils allèrent trouver le Roi qui leur fit grâce (P. J., n° 206).

Ce fut un an plus tard que Raymond de Saunhac fut nommé, comme on l'a vu, gentilhomme de la Chambre.

De son mariage il eut :

1° HECTOR, qui suit;

2° CHARLES, seigneur de Quins;

3° HENRYE DE SAUNHAC, mariée à Antoine de Goudal, seigneur de Sèpes, fils de Jean, seigneur de Baillargues (P. J., n° 288). Henrye testa, le 8 juin 1684, à Baillargues, paroisse de Cuzorn, en Agénois et fit héritier son neveu, Raymond de Saunhac, seigneur de Piles, après avoir révoqué un testament qu'elle avait fait en faveur de Louis de Fumel, sur les instances de son mari (P. J., n° 351 *quater*.) Françoise de Fumel était veuve lorsqu'elle mourut en juin 1663.

DIX-SEPTIÈME DEGRÉ

HECTOR DE SAUNHAC, Baron du Fossat et de Verdun, fut Premier Capitaine au Régiment du Vicomte de Fumel, en 1635. (P. J., n° 272).

Par sa mère, Françoise de Fumel, il se trouvait être cousin issu de germain du Duc de Lauzun et d'Anne de Belzunce, mère de Mgr de Belzunce, Évêque de Marseille. (P. J., nº 426.)

Il épousa, le 29 décembre 1621, D^lle CATHERINE DU LYON, fille de Pons du Lyon et de Marie de Syreuilh. Catherine du Lyon devait être protestante, car son mariage fut célébré au Temple. (P. J., nº 249.)

En 1636, Hector servait encore au Régiment de Fumel, en qualité de Capitaine. (P. J., nº 274.)

Il eut sept enfants dont les noms se trouvent consignés dans un Registre spécial.

1º FRANÇOISE, née le 3 juillet 1624 (P. J., nº 253);

2º CHARLES, né le 24 avril 1625 *(ibid.)*;

3º N..., 20 mai 1626 (P. J., nº 257);

4º FRANÇOISE, née le 6 avril 1628, Religieuse (P. J., nº 253);

5º GABRIELLE, née le 1er juin 1629. (P. J., nº 261);

6º RAYMOND, seigneur de Soturac, né le 5 septembre 1632 (P. J., nº 268), testa le 25 avril 1674 (P. J., nº 333) et légua à Hector de Saunhac, seigneur de Plalon, à Raymond, seigneur de Piles, son neveu, à Charles, seigneur du Fossat et il institua héritier Jean de Saunhac, fils aîné de Charles;

7º JEAN DE SAUNHAC, seigneur de Cadars, né le 3 décembre 1634. (P. J., nº 271).

Hector testa le 16 octobre 1635, laissant l'usufruit à sa femme Catherine du Lyon. Sa mère, Françoise de Fumel, vivait encore. Il substitua Raymond et Jean à Charles, son fils aîné. (P. J., nº 273.) Il était déjà mort en 1647, le 20 mai, car ce jour-là sa veuve, remariée à Donat de Salviac Viel Castel, signa une transaction. (P. J., nº 283.)

DIX-HUITIÈME DEGRÉ

CHARLES DE SAUNHAC, Baron du Fossat, né le 24 avril 1625, (P. J., nº 55), servit, en 1674, avec la Noblesse du Rouergue. Il fit, en 1698, sa Production pour la Maintenue en Noblesse. (P. J., nº 363 *bis*.)

Le 27 février 1650 il épousa, au château de Gaudusson, *JEANNE DE MONTÉGUT*, fille de Messire Jean-Charles de Montégut, seigneur de la Lande, Gaudusson et de D^lle Quitterie de Belcastel. (P. J., nº 285.)

Il est à remarquer que, dans ce contrat de mariage, le nom de « Saunhac » est écrit « Savignac ». Quitterie de Belcastel appartenait à la Maison de Belcastel, du Rouergue, qui avait abandonné cette province et dont on retrouve parfois le nom. Elle n'a rien de commun avec les Belcastel, établis dans le Tarn et dont le nom patronymique est « Lacoste ». Ceux-ci possèdent le château de Belcastel, près de Lavaur, et ils en portent le nom.

Charles de Saunhac testa, le 6 mai 1710, au Fossat. (P. J., n° 369.)

Ses enfants furent :

1° JEAN DE SAUNHAC, fils aîné, baron du Fossat marié à MARIE DE JAYAN laquelle testa, le 12 septembre 1703 (P. J., n° 365), laissant :

    A) JOSEPH, sans postérité;

    B) ISABEAU, mariée en 1709 à FRANÇOIS LAFARGUE, seigneur de Redon (P. J., n° 368);

    C) MARIE, femme de JEAN FROMENT, en 1714 (P. J., n° 370);

    D) JEAN, sans postérité.

    E) GALIOTTE.

2° RAYMOND DE SAUNHAC, seigneur de Piles, qui suit;

3° JEAN, seigneur de Gramond;

4° ISABEAU, mariée en 1710 à N..., seigneur de la Grange;

5° LOUISE, mariée à JACQUES ATGIÉ, seigneur de la Tour;

6° HENRYE, mariée à GUION DE LAS CASES;

7° JEANNE, mariée à N... Siscam de Cavagnac;

8° GALIOT, seigneur de Gayrac, héritier de son père et mort sans postérité.

Tous ces enfants sont nommés dans le testament de Charles de Saunhac, en date du 6 mai 1710. (P. J., n° 369.)

DIX-NEUVIÈME DEGRÉ

RAYMOND DE SAUNHAC, Baron du Fossat, Seigneur de Piles, épousa : 1° *ANNE DE JAYAN*, fille de Bertrand et d'Isabeau de Germa; 2° *JEANNE DELZONS*, fille de François Delzons, seigneur de Trouniac, et d'Antoinette de Vezins.

Après avoir servi dans les Mousquetaires, il était en congé le 6 juin 1682. (P. J., n° 347.) En 1684, il reçoit le Brevet de Cornette au

Régiment de Roussy (P. J., n° 351 *bis*); en 1687, il entre au Régiment de Lumbres Cavalerie (P. J., n° 352); en 1688, il est Lieutenant aux Chevau-légers de Gontaut. (P. J., n° 354.)

On le voit, en 1711, habitant son château d'Hauteborne. Ce fut cette année-là que Jean de Saunhac, du Fossat, Raymond, seigneur de Piles, Jean, seigneur de Gramond et Galiot, seigneur de Gayrac transigèrent sur le testament de leur aïeul, Hector et sur celui de Charles, leur père. (P. J., n° 269 *bis*).

Il épousa, le 21 août 1686, D^{lle} ANNE DE JAYAN, fille de feu noble Bertrand de Jayan (P. J., n° 351 *ter*). Il ne vivait plus en 1718, lors de l'accord passé entre Jean et Joseph de Saunhac, du Fossat. (P. J., n° 372.)

De son premier mariage, il eut un fils et il ne paraît pas avoir eu d'autres enfants.

1° JOSEPH, qui suit.

VINGTIÈME DEGRÉ

JOSEPH DE SAUNHAC, Baron du Fossat, épousa en 1716 sa cousine *JEANNE DE SAUNHAC*, fille de François de Saunhac de la Valette et de Philippe de Fabre. (Voir Br. de la Clausade Degré XVII A. a.) [P. J., n° 371.]

Ses enfants furent :

1° JEAN, né en 1721, servit d'abord aux Gardes du Corps pendant dix-huit mois (P. J., n° 382); puis, Lieutenant au Régiment d'Aumont Cavalerie en 1743 (P. J., n° 383); il obtint un congé pour vaquer à ses affaires. (P. J., n° 386); Lieutenant au Damas Cavalerie, en 1760 (P. J., n° 391); il était à Cassel le 24 octobre 1760, (P. J., n° 392); nommé Chevalier de Saint-Louis le 17 septembre 1759 (P. J., n° 391), il alla à Wesel le 28 juin 1761 (P. J., n° 324), puis à Clèves et de là, à Driesberg, pour y arrêter le sieur de Schönenburg. (P. J., n° 395). Enfin, il fut nommé Capitaine le 28 juin 1762, au Royal Navarre. (P. J., n° 396.) Il testa le 5 octobre 1768, instituant pour héritier son neveu Gui de Saunhac. (P. J., n° 407.) Il mourut le 18 mars 1789.

2° GUI, qui suit;

3° MARGUERITE, mariée à N..., de Lille, mentionnée dans le testament de Jean, son frère. (P. J., n° 407.)

4° MARGUERITE, mariée à N..., Fouilloux, de Gindon;

5º JEANNE, mariée à ARMAND DE VASSAL D'ARGENTON
(P. J., nº 380);

6º MARIE;

7º MARGUERITE (P. J., 380.)

VINGT-ET-UNIÈME DEGRÉ

GUI DE SAUNHAC, Baron du Fossat, second fils de Joseph, fut
d'abord volontaire au Régiment de Béarn, puis Lieutenant au Régiment de Monaco. Mais auparavant, le 25 novembre 1744, il avait fait
son testament, voulant reprendre ses études, après avoir servi pendant
un certain temps comme Cadet au Régiment d'Anjou. (P. J., nº 385.)

Il avait assisté au siège de Maëstricht, lorsqu'il était encore au
Régiment de Monaco et il y avait été blessé. En 1751, il s'embarqua pour
la Louisiane et il acquit rapidement une grande situation dans cette
colonie dont il est considéré comme l'un des fondateurs. Voici, d'ailleurs
ses États de Service.

1º Volontaire au Régiment de Béarn, en 1746;

2º Lieutenant au Régiment de Monaco et blessé à Maëstricht;

3º S'embarque le 12 mai 1751, pour la Louisiane, où il continua de
servir comme Lieutenant;

4º En 1752, est détaché au Poste de la Tour, où il demeure deux
ans;

5º En 1759, il fit 500 lieues, avec un convoi de munitions de guerre
pour se rendre en Illinois, où il demeura deux ans pour continuer les
fortifications qu'on avait dû suspendre, faute d'ingénieur;

6º Fut nommé Capitaine d'une Compagnie en 1759;

7º Chargé, le 10 juin 1759, de remplir les fonctions d'Ingénieur en
Chef et de continuer la construction du Fort de Chartres;

8º Fut, le même jour, envoyé avec 80 hommes pour reconnaître
les endroits à fortifier pour le cas où les Anglais auraient tenté de con-
quérir l'Illinois.

9º Fortifia, le 8 novembre 1759, les Caskakias en construisant un
Fort qui domine tous les entours;

10º Fortifia, en 1760, l'Établissement de Sainte-Geniève, que les
sauvages ne cessaient pas d'insulter;

11º Partit, en 1760, avec 300 hommes français ou sauvages pour
aller réparer les fortifications du Fort Massiac et repousser l'ennemi

qui se disposait à l'enlever, car c'était la seule barrière qui l'empêchait d'entrer dans l'Illinois.

Ces États de service ne parurent pas suffisants pour lui donner la Croix de Saint-Louis!

En 1761, il alla à New-Orléans, où il continua de servir jusqu'au 5 mars 1766. A cette époque le Roi d'Espagne prit possession de la Louisiane, que le Roi de France lui avait donnée le 3 novembre 1762. Gui de Saunhac reçut alors, du Roi de France, l'autorisation d'entrer au service de Sa Majesté Catholique et il fut nommé Capitaine dans le Bataillon de la Louisiane.

En 1772, il se retira du service et fut nommé Alcade, en raison des services rendus. Il était encore dans l'exercice de ces fonctions et il est probable qu'il les conserva jusqu'à sa mort, survenue en 1794. Il est enterré à New-Orléans.

Il est à remarquer que les officiers français, servant en Espagne, dans les conditions où servait Gui de Saunhac, étaient considérés comme servant la France.

Jean de Saunhac, frère aîné de Gui, voulant transmettre ses biens et ses titres à ses neveux de Louisiane, écrivit à M. de Vergennes, Ministre des Affaires Étrangères, pour savoir, si cela était possible, encore que ses neveux fussent au service de l'Espagne. M. de Vergennes lui répondit qu'il pouvait, en toute sécurité, disposer de ses biens en faveur de ses neveux, quoiqu'ils fussent Espagnols, car les Espagnols jouissaient en France des mêmes avantages que les Français. (P. J., n° 410.)

Gui de Saunhac avait épousé en 1753, FRANÇOISE CLAUDINE DE DREUX, fille de Mathurin de Dreux et de Claudine Hugot.

De ce mariage il eut :

1° FRANÇOIS, célibataire;

2° AGATHE-ANTOINETTE, mariée à JEAN ENOUL DE BEAU-MONT DE LIVAUDAIS;

3° FRANÇOIS-GUI, qui suit;

4° LUCIE, morte jeune;

5° JEANNE, *id.*;

6° ELISABETH, mariée à M. DORIOCOURT;

7° GUI-JOSEPH, dont la postérité, fort nombreuse, sera rapportée plus loin.

8° MARIE-ÉMILIE, mariée à J.-B. BERMUDEZ;

9° CATALINA, morte en bas âge;

10° JEAN-BAPTISTE, Chevalier, non marié.

VINGT-DEUXIÈME DEGRÉ

FRANÇOIS-GUI DE SAUNHAC, Baron du Fossat, rentra en France en 1789. Il épousa *CÉCILE DE LA SUDRIE*, fille de Jacques de la Sudrie, baron de Calvayrac et de Marguerite de Touchebœuf Beaumont.

De ce mariage, il eut :

1e ARMAND-AUGUSTIN, qui suit;

2o MARIE-JOSÉPHINE, mariée en 1823, à JEAN DE POUSARGUES, fils de Jean de Pousargues et de Marie de Grandsaut Lacoste. De ce mariage, il y eut deux fils, l'un N... de Pousargues, vivait encore en 1879 et habitait à Escalquens, l'autre, le Général de Pousargues, qui eut un duel célèbre avec Clémenceau, est mort il y a peu d'années

3o CÉCILE, morte jeune.

VINGT-TROISIÈME DEGRÉ

ARMAND-AUGUSTIN DE SAUNHAC, Baron du Fossat, né le 7 décembre 1802, marié le 11 février 1829, à *MATHILDE DE GRI-PIÈRE DE MONCROC*, fille de Guillaume Ambroise de Gripière et de Pauline Anne de Lartigue, est mort le 3 décembre 1879. Sa femme était morte un mois auparavant, le 6 novembre 1879. Elle avait 73 ans et son mari 77.

Avec le Baron du Fossat s'est éteinte la Branche de la Maison de Saunhac qui avait succédé à la souche Saunhac Belcastel.

Mais nous devons parler maintenant des diverses branches issues de celle du Fossat. Ce sont : 1o les Branches d'Amérique; 2o la Branche d'Ampiac-Villelongue; 3o la Branche de Castan; 4o celle de la Mothe Ferrensac, qui avait repris le nom de Belcastel, ainsi que 5o celle de la Clausade. Puis nous passerons aux Branches demeurées en Rouergue, celles d'Aiguesvives, de Colombiès, du Périé et de Tanus.

Pour les diverses branches d'Amérique il nous sera impossible de donner des pièces justificatives. Nous avons dû nous en rapporter au Mémoire que nous a envoyé notre cousin Charles-T. de Saunhac qui habite à New-Orléans et qui est venu plusieurs fois en France notamment en 1913, où il fut notre hôte dans l'Aveyron. Nous le conduisîmes à Belcastel, où il put voir le tombeau de notre aïeul commun.

Nous devons rappeler que les branches d'Amérique ont adopté l'orthographe « Soniat du Fossat ».

I. — BRANCHE D'AMÉRIQUE

VINGT-ET-UNIÈME DEGRÉ

GUI DE SAUNHAC DU FOSSAT (voir plus haut, page 28) s'embarqua pour la Louisiane le 10 mai 1751. Suivant une tradition dont nous n'avons pu contrôler l'exactitude, Gui avait eu une querelle avec un de ses camarades, dont le nom nous échappe. Celui-ci ayant pris la fuite, Gui se mit à sa poursuite et il arriva à Brest au moment où le navire qui emmenait son adversaire venait de mettre à la voile. Gui n'hésita pas et il prit le bateau suivant. C'est ainsi qu'il serait allé en Amérique.

Nous avons vu qu'il avait eu dix enfants dont l'un, Gui-Joseph, demeura à New-Orléans ainsi que plusieurs de ses sœurs. Ce fut lui, qui fut en réalité le fondateur de la branche de la Louisiane qui suit.

VINGT-DEUXIÈME DEGRÉ

GUI-JOSEPH DE SAUNHAC DU FOSSAT, demeuré en Amérique, se maria deux fois : Il épousa : 1º *MARIE-ANNE ARNOULT*, et 2º *LOUISE DURALDE*.

Du premier mariage, il eut :

1º GUI-JOSEPH, Chevalier, non marié;

2º JOSEPH, qui suit;

3º PIERRE-ANTOINE, auteur de la Branche A.;

4º JEAN-URSIN, marié à CÉLESTINE ALLAIN, mort en 1815, s. p.;

5º FRANÇOIS, célibataire;

Du second lit :

6º EDMOND, auteur de la Branche B;

7º CHARLOTTE, mariée à H.-B. de Boisblanc;

8º MARTIN VALMONT, auteur de la Branche C;

9º CHARLES MÉLONCY, auteur de la Branche D;

10º VALÉRIEN-GUSTAVE, auteur de la Branche E;

11º CÉLESTINE, morte en bas âge;

12º JOSEPH, *id.*;

13º CHARLES-THÉODORE, auteur de la Branche F;

VINGT-TROISIÈME DEGRÉ

JOSEPH DE SAUNHAC DU FOSSAT, épousa : 1º *ADÉLAIDE DORIOCOURT* et 2º *CÉLESTINE GÉNOIS*. Il eut douze enfants :

1º ADÈLE, morte jeune;

2º FÉLICITÉ, mariée à P. CHARBONNAT;

3º DUFOSSAT, mort jeune.

Du second lit :

4º PIERRE-JOSEPH;

5º EMELINE, morte en bas âge;

6º GUI, *id.*;

7º CHARLES-OCTAVE, *id.*;

8º CÉLESTINE, célibataire.

9º CHARLES, marié à ARSÈNE REY dont :

    A) OLIVIA, mariée à EDMOND DE VERGIS;

    B) URSIN, mort jeune;

    C) HELVIA, mariée à B. LAVIGNE;

    D) FÉLIX, célibataire, habitait New-Orléans en 1900.

    E) ESTELLE, mariée à LOUIS TRICOU;

    F) NOÉMI;

    G) LOUISE, décédée;

    H) SIDNEY, célibataire;

    I) ARSÈNE, *id.*

10º CÉLESTINE-ESTELLE, morte jeune;

11º FRANÇOIS, marié à LIOUTIA MAUBERRET, mort sans enfants;

12º JOSEPH-OMER, qui suit.

VINGT-QUATRIÈME DEGRÉ

JOSEPH-OMER DE SAUNHAC DU FOSSAT a épousé *MARIE PEEL* et il est mort laissant :

1º BLANCHE, mariée à FÉLIX BOULEMAY;

2º CÉLESTINE. célibataire;

3º CÉLINE, *id.*

4º ROBERT, qui suit;

5º FÉLICITÉ, célibataire.

VINGT-CINQUIÈME DEGRÉ

ROBERT DE SAUNHAC DU FOSSAT habite à New-Orléans.

BRANCHE A

VINGT-TROISIÈME DEGRÉ

PIERRE-ANTOINE DE SAUNHAC DU FOSSAT, fils de Joseph et de Marie-Anne Arnoult, a épousé *CLORINDE HARDY DE BOIS-BLANC* dont :

1º MARIE-EMMA, décédée, mariée au D*r* JEAN FRANÇOIS-ADOL-PHE CARTIER, dont plusieurs enfants vivant en France;

2º AMÉDÉE, mort jeune;

3º MARIE-ELINA, *id.*;

4º EMILE, qui suit;

5º CHARLES-THÉODORE, mort jeune;

6º JULES-JOSEPH, marié à ARSÈNE LÈCHE dont :

    A) Lidia, décédée;

    B) Emma, mariée à Joseph Lynch;

    C) Ernest, mort jeune.

7º LÉONCE-MARTIN, marié à LÉONA SAULET;

8º MARIE-IDA, mariée à LOUIS LA BRANCHE.

VINGT-QUATRIÈME DEGRÉ

ÉMILE DE SAUNHAC DU FOSSAT, marié à *MARIE-ANNE LEWIS*, dont :

VINGT-CINQUIÈME DEGRÉ

ÉMILE DE SAUNHAC DU FOSSAT, marié à *MARGUERITE LINSAY MAC CALL*, dont :

ANNA-GLADYS, née en 1899.

BRANCHE B

VINGT-TROISIÈME DEGRÉ

EDMOND DE SAUNHAC DU FOSSAT, fils de Joseph et de Louise Duralde, à épousé *LAURE-ÉMILIE TROYLER*, dont :

1º TELCIDE, mariée à GEORGES LOGAN;

2º AMÉDÉE, célibataire;

3º EUGÈNE, qui suit;

4º ANAIS, morte célibataire.

5º MARIE-MATHILDE, mariée à HONORÉ THÉODORE DOUSSAN;

6º CLÉMENCE, mariée à FRANK BABIN.

VINGT-QUATRIÈME DEGRÉ

EUGÈNE DE SAUNHAC DU FOSSAT, mort le 4 février 1901, marié à *ELVE MOORE*. dont :

1º ELVE, morte jeune;

2º JOSEPH, qui suit;

VINGT-CINQUIÈME DEGRÉ

JOSEPH MOORE DE SAUNHAC DU FOSSAT, marié à *OLYN NELMS*, dont :

VINGT-SIXIÈME DEGRÉ

N... DE SAUNHAC DU FOSSAT...

BRANCHE C

VINGT-TROISIÈME DEGRÉ

MARTIN VALMONT DE SAUNHAC DU FOSSAT, fils de Louis-Joseph et de Louise Duralde, épousa *LOUISE-ALMAIS AVART*.

Un décret de la Cour Civile de New-Orléans l'autorisa à reprendre l'orthographe française de son nom.

De son mariage il eut :

1º JOSEPH VALMONT, qui suit;

2º FRANÇOIS-OSCAR, mort jeune;

3º LOUIS-ARMAND, *id.*;

4º LOUIS-EDGARD, marié en France à Mlle BRÉCHILLET JOURDAIN. Il est mort sans postérité peu après la guerre.

5º LOUISE-ARTHÉMISE, religieuse de la Visitation, à Moulins.

VINGT-QUATRIÈME DEGRÉ

JOSEPH VALMONT, Baron de Saunhac du Fossat, fut élevé en France, comme son frère Edgar. Il épousa : 1º *MARIE-FFANÇOISE CLARY ROCHEREAU*; 2º en 1880, *MARIE-CHARLOTTE DUMAINE DE LA JOSSERIE*, dont :

1º GUI-ANTOINE-GABRIEL, mort jeune;

2º MARGUERITE, mariée à ALEXANDRE SINGER en 1908;

3º JEANNE-MARIE, mariée au Comte LUDOVIC DE MIEULLE;

4º AMÉLIE-LOUISE.

BRANCHE D

VINGT-TROISIÈME DEGRÉ

CHARLES MÉLONCY DE SAUNHAC DU FOSSAT, fils de Joseph et de Louise Duralde, épousa *EMMA-JOSÉPHINE BER-MUDEZ*, dont :

1° JOSEPH-MÉLONCY, qui suit;

VINGT-QUATRIÈME DEGRÉ

JOSEPH MÉLONCY DE SAUNHAC DU FOSSAT, épousa *EUGÉNIE REGGIO*. Il est mort laissant :

1° MÉLONCY, mort célibataire;

2° ARMAND, *id.*;

3° HENRI;

4° AUGUSTE;

5° WILHELMINE;

6° ÉDOUARD;

7° GEORGES;

8° JOSEPH.

VINGT-CINQUIÈME DEGRÉ

HENRI DE SAUNHAC DU FOSSAT, habite à New-Orleans.

BRANCHE E

VINGT-TROISIÈME DEGRÉ

VALÉRIEN-GUSTAVE DE SAUNHAC DU FOSSAT, fils de Joseph de Saunhac et de Louise Duralde, épousa *MARIE-LOUISE-ARTHÉMISE AVART*, sœur de la femme de Valmont (Br. C.). Il a laissé :

1º JOSEPH-GUSTAVE, célibataire;
2º ÉMILE-ANTOINE, *id.*
3º AUGUSTIN-ALFRED, *id.*;
4º THÉODORE-LOUIS, qui suit.

VINGT-QUATRIÈME DEGRÉ

THÉODORE-LOUIS DE SAUNHAC DU FOSSAT, épousa sa cousine *EMMA DE SAUNHAC*, dont :

1º EMMA, non mariée;
2º ALFRED;
3º GUSTAVE, marié à Mlle FAIRCHEAUD dont :
    A) N...;
    B) N...;
4º AMÉLIE, célibataire;
5º THÉODORE, *id.*;
6º ARTHÉMISE, *id.*;
7º MARIE, *id.*;
8º ROBERT, *id.*

VINGT-CINQUIÈME DEGRÉ

ALFRED DE SAUNHAC DU FOSSAT, a épousé *LOUISE-DELCROIX*, dont :

1º ALFRED, qui suit;
2º N..., non mariée.

VINGT-SIXIÈME DEGRÉ

ALFRED DE SAUNHAC DU FOSSAT.

BRANCHE F

VINGT-TROISIÈME DEGRÉ

CHARLES-THÉODORE DE SAUNHAC DU FOSSAT, né le 8 décembre 1818, mort le 13 août 1886, épousa le 20 janvier 1845 *MARIE-AMÉNAIDE LA BRANCHE*, décédée le 26 juillet 1882.

De ce mariage :

1º LUCIEN, né le 14 janvier 1846, mort le 5 mars 1909, sans alliance;

2º CHARLES-THÉODORE, né le 11 avril 1847, avocat-notaire, Sénateur de la Louisiane, Membre de la Convention Nationale de 1898, célibataire, décédé vers 1923;

3º LOUISE, née le 3 juin 1851, mariée le 25 août 1875 à AMÉDÉE FORTIER dont il eut huit enfants;

4º GUSTAVE-VALÉRIEN DE SAUNHAC DU FOSSAT qui suit;

5º MÉLONCY-CHARLES, né le 25 mars 1861, épousa le 11 février 1890 LOUISE-ANNE FORTIER, dont :

    A) THÉODORE-POLYCARPE, né le 31 janvier 1891;

    B) JOSEPH, né le 18 juillet 1892, mort le 19 juillet de la même année;

    C) MÉLONCY, né le 5 août 1893, mort le 7 septembre 1894;

    D) AMÉNAIDE-MARIE, née le 16 juin 1895;

    E) LUCILE-MARIE, née le 14 janvier 1898;

    F) LOUIS-GUSTAVE, né le 7 octobre 1900;

    G) ELISE-LYDIA, née le 20 octobre 1902.

    H) EUGÈNE-MICHAEL, né le 7 décembre 1908.

VINGT-QUATRIÈME DEGRÉ

GUSTAVE VALÉRIEN DE SAUNHAC DU FOSSAT, né le 29 juillet 1865, marié le 6 octobre 1887 à *LOUISE-MARIE SARPY*, dont :

1º GUSTAVE-LÉON, né le 16 juillet 1888;

2º FÉLICIE-MARIE (23 février 1890-5 août 1892);

3º LOUISE-ANNA, née le 18 mars 1892;

4º JEANNE, née le 4 janvier 1894;

5º CHARLES-THÉODORE, né le 19 mai 1895;

6º LUCIEN-IGNACE, né le 31 juillet 1897;

7º GUI (30 septembre 1899-12 novembre 1899);

8º FÉLIX-PATRICK, né le 17 mars 1902;

VINGT-CINQUIÈME DEGRÉ

GUSTAVE DE SAUNHAC DU FOSSAT, né en 1890.

En 1903, eurent lieu à New-Orleans, de grandes fêtes à l'occasion du Centenaire de la Lousiane. Nous insérons ici l'hommage rendu à Charles-Théodore de Saunhac et à son aïeul, Gui de Saunhac, Chevalier du Fossat.

La Société d'Histoire de la Lousiane venait de publier une brochure sur la Lousiane et elle en offrit le premier exemplaire à Charles-Théodore de Saunhac, avec la dédicace suivante :

To one who is the type of the pure
French Creole
To the upright, noble, chivalric gentleman and
excellent citizen, to

THE HOUNOURABLE CHARLES T. SONIAT

Scion of a distinguished family, and descendant
of the

CHEVALIER GUY SONIAT DUFOSSAT

Who came to New Orleans en 1751; a soldier, statesman and
planter, and was among the first to sit in Cabildo,
This Book is dedicated with deepest sentiments of esteem and affection,
born of kinship and long friendship
by
JAMES M. AUGUSTIN.

BRANCHE D'AMPIAC VILLELONGUE

(CETTE BRANCHE EST ISSUE DE CELLE DU FOSSAT, V. p. 39)

QUINZIÈME DEGRÉ

BERTRAND DE SAUNHAC, Baron d'Ampiac était un fils cadet de François de Saunhac Belcastel, Baron du Fossat, et de Jeanne de Peyrolles. Il naquit vers 1540 et sa vie tout entière se passa au service du Roi.

Le 23 avril 1585, Henri III lui écrivit la lettre suivante :

« Monsieur d'Ampiac, comme j'ai toujours eu une parfaite connaissance de votre affection et loyauté à mon service, j'ai pensé que vous répondriez par vos actions à la bonne opinion que j'avais de vous, et, se présentant maintenant une occasion de me le faire paraître sur les mouvements d'armes qui sont en mon royaume, je vous prie de ne vous laisser aller aux persuasions et artifices de ceux qui seraient bien aises de troubler le repos d'icelui et demeurer constant en la fidélité que vous avez toujours portée à la Couronne, sans prendre autre parti que le mien, en invitant vos compagnons et amis de faire le semblable, et je reconnaîtrai à jamais à l'endroit des uns et des autres ce bon et fidèle devoir. Priant Dieu, monsieur d'Ampiac, vous avoir en sa sainte et digne garde.

« Écrit à Paris, le vingt-troisième jour d'avril 1585.

« HENRY. »

Bertrand embrassa le parti de la Ligue. Il alla en Agenois et se distingua parmi les Ligueurs de cette province : Jacques de Durfort, Aubusson de Beauregard, Vassal de la Tourette, Max de Cugnac, le Marquis de Villars, etc. (Voir : Boysson, l'*Invasion Calviniste*, p. 337.)

M. de Boysson attribue à Bertrand de Saunhac trois fils : Raymond, Yves et Bertrand. Bertrand eut bien trois fils, mais ils se nommaient Raymond, Arnaud et Guion. Les deux derniers ne paraissent pas avoir pris part aux guerres de religion.

En 159..., le 18 juin, Bertrand de Saunhac reçut des Lettres patentes d'Henri IV lui donnant le Commandement du Pays de Rouergue, villes et châteaux d'icelui, en remplacement du sieur de la Devèze. Ces Lettres, datées du Camp de Gisors, sont signées « Henri ». Elles furent accompagnées de Lettres d'attache du Maréchal de Matignon, Lieutenant Général en Guienne, et datées du 6 septembre 1593. Cette date permet de supposer les Lettres Patentes dont il vient d'être parlé, devaient être de la même année. (P. J., n° 182).

En 1591, le 11 mai, Emmanuel de Savoie, Marquis de Villars, Lieutenant général en Guienne, avait donné ordre à Bertrand de lever « un Régiment de 6 Enseignes de 10 hommes de pied chacune, la sienne comprise, avec pouvoir d'en faire immédiatement la levée, à charge de choisir les meilleurs, plus vaillants expérimentés et aguerris soldats, capitaines et officiers que pourra recruter pour conserver le gouvernement en la sainte union des Catholiques. Signé : Emmanuel DE SAVOIE » (P. J., n° 181.)

On voit aussi une lettre du Duc d'Epernon, à Bertrand de Saunhac, sur les affaires du temps, mais elle ne porte pas de date.

Le 24 juillet 1585, peu après avoir reçu la Lettre d'Henri III que nous avons reproduite plus haut, Bertrand était gisant en Agenois, au château de la Duguie, par suite des blessures qu'il avait reçues.

Ce fut dans ce château qu'il fit, le 14 juillet 1585, son second testament. Il en avait fait un autre le 8 septembre 1580. (P. J., n° 180 et n°178.)

Bertrand se maria deux fois : 1° le 11 octobre 1571, à Rodez, il épousa D^lle GERMAINE DE SAINTE-COLOMBE, fille de feu noble Jacques de Sainte-Colombe, baron d'Enguerravagnes, en Berry, Chevalier de l'Ordre du Roi. Germaine de Sainte-Colombe était nièce d'Hélène de Montbron, veuve et héritière de Clémens de Saunhac-Belcastel ; 2° MARGUERITE DE MARTRES, veuve d'Antoine de la Duguie qui était Ligueur.

Au moment de son premier mariage, il reçut de Jeanne de Peyrolles, sa mère, et de Pierre de Saunhac, Baron du Fossat, son frère, 4000 l. pour racheter la place du Bouyssou engagée à Antoine Cat, seigneur de Trémouilles, ainsi que la rente de Lax. (P. J., n° 176.) Dans le contrat de mariage, on voit aussi la ratification de la vente de Limayrac faite à Jean de Saunhac de la Poujade, cousin de Bertrand et petit-fils de Jean II de Saunhac. (P. J., n° 176.)

Dans son premier testament, du 8 septembre 1580, Bertrand nomme ses enfants et on peut voir que les noms donnés par M. de Boysson (1) n'y figurent pas :

1° RAYMOND ;

---

(1) Voir plus haut, p. 56.

2º ARNAUD;

3º GUION, auquel nous consacrerons une notice spéciale;

4º MARIE, qui épousa en 1607 GUILLAUME DE MÉJANÈS. (Arch. Av., E, nº 1927);

5º ANNE.

Il institue héritier son fils aîné Raymond. (P. J., nº 178.) Dans son second testament, fait à la Duguie pendant sa maladie, Anne ne figure pas, elle devait être morte, mais on y voit le nom de sa seconde femme.

Il n'eut pas d'enfants de son second mariage. La date de sa mort est voisine de 1603.

GUION DE SAUNHAC

GUION DE SAUNHAC, troisième fils de Bertrand, devait être né vers 1576. La première pièce qui le concerne est un Arrêt du Grand Conseil (1606) dans un procès qu'il soutenait contre D^{lle} Marguerite de Pellegrue. N'ayant aucune indication relative à cette affaire, nous nous bornerons à constater qu'à ce moment là il était déjà Écuyer de la Reine Marguerite. (P. J., nº 200.)

En 1610, le 3 mars, il reçut d'Henri IV des Provisions à l'effet de lever une Compagnie de Carabins, dont il fut nommé Capitaine. (P. J., nº 215.)

Quelques jours plus tard, le 17 mars, il obtenait de Jean de Beaufort, vicomte de Canillac, Gouverneur d'Auvergne, l'autorisation de passer, avec 60 hommes d'armes, dans le Gouvernement dudit Beaufort. (P. J., nº 216.)

Quelques mois après, nous le trouvons à Clèves, à la tête de sa Compagnie, ainsi que cela est prouvé par un Certificat du Roi Louis XIII et de la Reine Mère, en date du 27 juin 1610. (P. J., nº 218.)

La même année, le 9 janvier, Guion avait reçu du Roi et de la Reine Mère des Provisions de Gentilhomme de la Chambre et le lendemain, 10 janvier, il prêta le serment requis entre les mains d'Henri de Lorraine, Duc d'Aiguillon. (P. J., nº 217.)

En 1612, les Protestants de Saintonge avaient envoyé à Privas des émissaires pour s'entendre avec Rohan et Bouillon, accusés de conspiration contre l'État. Ces émissaires étaient le baron de Saulson et le sieur de Sercin. En l'absence du Comte d'Ayen, Sénéchal du Rouergue, Guion de Saunhac, aidé de Jean III de Framond, baron de Joqueviel, de Bernard d'Arribat, Vice Sénéchal, d'Albert de Solages de Cambolaret et d'Aimar de Garceval, seigneur des Angles, et avec quelques soldats archers, il se mit à la poursuite des protestants qu'on surprit dans une maison du village de la Roquette, près de Villefranche de Rouergue.

Soutenus par quelques partisans, les conspirateurs opposèrent une vive résistance, mais ils furent néanmoins arrêtés et conduits aux prisons de Villefranche, où Jean del Rieu, Juge Mage, les interrogea le 2 novembre.

Le 25, le Roi signa un Brevet en faveur de Guion de Saunhac, portant approbation de sa conduite dans « l'arrestation faite au pays de Rouergue, du Baron de Saulson et du sieur de Sercin, ainsi que de quelques soldats et de tout ce qui s'était passé ». (P. J., n° 229.)

Un mois plus tard, Guion reçut du Roi des Lettres Patentes sous le Grand Sceau dans lesquelles est racontée l'arrestation des conspirateurs. L'un d'entre eux se nommait Pierre Savoyard : il avait été si grièvement blessé au cours de la lutte, qu'il mourut bientôt après. Des poursuites ayant été engagées pour ce meurtre, le Roi arrêta et supprima les procédures commencées au Parlement de Toulouse et en la Chambre de l'Édit de Castres. (P. J., n°s 228, 229 et 230.)

L'année suivante, Guion de Saunhac, qui était Gouverneur du château de Najac, adressa au Prince de Condé, Duc et Pair de France, Gouverneur de Guienne, une Requête à l'effet d'obtenir le rétablissement du guet qui était primitivement assuré par les habitants. Il exposait que cette place était importante pour le service du Roi et pour la tranquillité de la Province. (P. J., n° 231.)

Les services que rendait Guion étaient fort appréciés et, pour l'en récompenser, le Roi, de l'avis de la Reine Mère, lui augmenta sa pension de 1200 livres et la porta à 2000. (P. J., n° 233.)

En 1615, le 29 juillet, Guion acquit de Mme de Béthune, Baronne d'Anglure, le don que la feue Reine-Marguerite, Duchesse de Valois et Comtesse de Rouergue, lui avait fait et qui s'élevait à 9000 livres. Ce don était à prendre sur l'aubaine et sur les biens vacants de feu Messire Alexandre de Carette, Prince de Final et Abbé de Bonnecombe et de Conques, en Rouergue. Guion acquit les droits de la Baronne d'Anglure, pour 900 livres. (P. J., n° 232.)

Entre temps, le 10 décembre 1616, Guion reçut du sieur Boiger, Commandant à Marseille la Tour de Thollon et Notre-Dame de la Garde, une lettre dans laquelle, en qualité de camarade, Boiger priait Guion d'user de son crédit, auprès de LL. MM., pour qu'on lui payât ou qu'on lui donnât ce qui était nécessaire pour l'entretien de ces places, « où il ne pouvait subsister, n'ayant rien reçu depuis trois ans et étant obligé de pourvoir à la nourriture de ses soldats, ce qu'il faisait à ses dépens. » Il lui demandait de vouloir bien s'intéresser pour lui auprès du Maréchal d'Ancre. (P. J., n° 238.)

A la même époque, Guion avait dû transiger avec les Consuls de Rodez, qui avaient fait divers emprunts à l'abbé de Bonnecombe et qui se trouvaient ainsi les débiteurs de Guion. Ces emprunts s'élevaient à 25.000 livres que le Duc de Vendôme, héritier de Gabrielle d'Estrées, leur avait réclamées. Gabrielle avait reçu en don de la Reine Marguerite, Comtesse de Rodez, tous les biens dudit Abbé. Guion ayant acquis les droits de la Baronne d'Anglure, qui les tenait elle-même de Gabrielle, se trouvait ainsi subrogé à celle-ci. L'affaire fut longue et pénible; enfin on finit par transiger pour 18.000 livres. (P. J., n° 232.)

Mais voici que, tout d'un coup, Guion a renoncé à la carrière militaire et, en 1618, nous le trouvons, à Lyon, le 29 janvier, dans la Société des PP. de l'Oratoire. On voit en effet une procuration donnée par lui, le 29 janvier, à noble Bernardin de Bessuéjouls de Roquelaure, à l'effet de poursuivre le remboursement de la créance qu'il a sur les biens de l'Abbé de Bonnecombe. (P. J., n° 245.)

Deux ans plus tard, nous le retrouvons à Clermont, où il cède au R. P. de Crafford, Supérieur de l'Oratoire, tous ses droits sur l'Abbé de Bonnecombe ou plutôt sur ses représentants, mais l'Oratoire ayant éprouvé quelques difficultés dans le recouvrement de sa créance, il la rétrocéda à Guion le 26 octobre 1624. (P. J., n° 248.)

Le 31 janvier 1624, Guion fit donation à son neveu, Hercule de Saunhac, de tous ses biens et de tous ses droits dont il se réservait l'usufruit. (P. J., n° 254 *bis*.)

On ignore la date de sa mort, mais il vivait encore le 14 décembre 1629, comme on le voit par une réclamation que lui adressa Hercule, son neveu. (P. J., n° 265.)

SEIZIÈME DEGRÉ

RAYMOND DE SAUNHAC, Baron d'Ampiac Gentilhomme de la Chambre du Roi, succéda à son père, dont il était l'héritier. Il joua un rôle assez important. Le 3 mai 1613, le Roi et la Reine régente se trouvant à Fontainebleau lui adressèrent des instructions relatives aux divisions et aux mouvements que l'on constatait dans le pays. On lui traçait la marche à suivre et la conduite à tenir en même temps qu'on lui signalait les personnes avec qui il conviendrait de s'aboucher. Parmi celles-ci : MM. de Roquelaure, de Thémines, de Broquiès et de Roquetaillade. (P. J., n° 225.)

En 1618, Raymond fut chargé des Capitaineries de Sauveterre, Compeyre et Roquecezière, vacantes par la démission de Guion, son frère. (P. J., n° 246 *bis*.)

En 1622, sa Compagnie fut chargée d'escorter un convoi à Penne, en Albigeois, et de là à Puy-la-Roque, où le Duc d'Angoulême devait se trouver. (P. J., 250 *bis*.)

En 1635, il reçut ordre de lever une Compagnie de Chevau-Légers (P. J., n° 272.) Puis, en 1638, il reçut une lettre du Maréchal de Schomberg, qui lui marquait les préparatifs des Espagnols désireux d'effacer le souvenir du sanglant échec de Leucate et lui ordonnait de le venir joindre, avec le plus grand nombre d'amis possible. (P. J., n° 275 *bis*.) Les préparatifs furent longs et Raymond de Saunhac ne put pas se mettre en route avant le 5 octobre 1639. La Noblesse de la Sénéchaussée de Rodez était sous ses ordres; le départ eut lieu de Cornus, où l'on s'était rassemblé. Quatre étapes étaient prévues : Cornus à Tailhevin, Tailhevin aux Quatre Roches, les Quatre Roches à Casoulx, et Casoulx à Narbonne. Les Consuls de ces divers lieux avaient ordre de fournir vivres et logements.

Le 15 octobre 1639, ordre fut donné à la Noblesse, commandée par Raymond de Saunhac, de passer aux portes de Narbonne pour recevoir au passage les instructions du Prince de Condé et de prendre le chemin qui menait aux Cabanes de la Palme. (P. J., n° 277.)

Nous trouvons plus tard, en 1641, une Requête adressée le 4 novembre à Mgr le Prince de Condé, par Raymond de Saunhac, qui s'était rendu en Roussillon en 1639 et où il séjourna à ses frais. Le Juge Mage de Rodez refusait de payer la somme de 600 écus que Saunhac réclamait. Ladite Requête fut appointée par S. A. R. et signée Henri de Bourbon. (P. J., n° 278.)

Raymond mourut peu après cette campagne, le 19 décembre 1642, au château des Angles, et il fut enterré à Ampiac, devant le Maître-Autel, le 20 décembre. (P. J., n° 280.)

Quelques Généalogistes, Barrau entre autres, ont prétendu qu'il était âgé de 85 ans. C'est une erreur. Son père s'étant marié le 11 octobre 1571, Raymond n'avait pas pu naître avant juillet 1572; par conséquent, il pouvait avoir au plus 69 ans. On ne voit pas d'ailleurs, un vieillard de 80 ans à la tête d'une troupe en campagne.

Il avait épousé en premières noces, le 10 février 1597, au Château de Villelongue, DELPHINE DE RAFFIN, fille de noble Louis de Raffin, seigneur de Villelongue et de Louise de Loupiac d'Agens. La dot de la mariée fut de 10.000 livres. (P. J., n° 224.) Ce fut ainsi que Villelongue entra dans la maison de Saunhac.

Delphine de Raffin mourut le 11 mai 1607. (P. J., n° 204.)

Il épousa, en secondes noces, le 17 novembre 1619, JEANNE-ROQUETTE DE CORNEILLAN, fille d'Antoine de Corneillan et de Jeanne du Lau. Celle-ci était fille de Carbon, Baron du Lau en Armagnac et de Françoise de Pardailhan Gondrin. La mère d'Antoine était une Galard-Brassac.

Jeanne-Roquette de Corneillan était la nièce de François de Corneillan, Évêque de Rodez, lequel était lui-même neveu de Jacques de Corneillan, Évêque de Vabres, et, par suite, elle avait pour arrière-grand-oncle, le Cardinal d'Armagnac.

Nous n'avons pas le contrat de mariage de Roquette de Corneillan, mais celle-ci figure dans un bail du 27 juin 1623, où elle intervient en qualité de seconde femme de noble Raymond de Saunhac, baron d'Ampiac, gentilhomme de la Chambre du Roi. (P. J., n° 252 *bis*.) Elle paraît aussi dans le contrat de mariage de sa fille, Françoise, avec Jacques d'Alary de Tanus. (P. J., n° 273 *bis*.)

Les enfants de Raymond de Saunhac furent :

Premier mariage :

1° HERCULE, qui suit;

2° HÉLÈNE, mariée le 25 juillet 1616, à FRANÇOIS DE MALVIN DE MONTAZET seigneur de la Roque, fils de Jean Pierre et d'Isabeau d'Azémar. (P. J., n° 237.)

Second mariage :

3° FRANÇOISE, mariée le 21 janvier 1635, à JACQUES D'ALARY DE TANUS (P. J., n° 273 *bis*), en secondes noces à FRANÇOIS d'HÉBRARD DE SAINT-FÉLIX, le 25 novembre 1638. (P. J., n° 275, *ter.*)

4° FRANÇOIS DE SAUNHAC, seigneur de Rodelle. Capitaine du château d'Ayssènes en 1622. Il épousa MARGUERITE D'AUTHEMAR, d'une famille originaire de Provence et établie au diocèse d'Albi; de ce mariage, il y eut deux filles :

    A) DOROTHÉE DE SAUNHAC, mariée à PIERRE DE SEGONDS DE LA BROUSSE, dont la mère était une d'Hautpoul. Les Segonds venaient du Diocèse de Foix. (Arch. Av., E, 1588 et 1722.)

    B) ANGÉLIQUE DE SAUNHAC, laquelle n'avait paraît-il d'angélique que le nom! Ayant eu maille à partir avec la justice, elle parvint à se tirer d'affaire par suite d'un conflit qui s'éleva entre l'Officialité diocésaine et la Justice civile. (Arch. Bonald, n° 1109.)

5° DAVID DE SAUNHAC, seigneur de Montalègre, marié à ANNE DE MOLINS. Il figure dans un bail de 1658. (Arch., Av., E, 1374.) Il laissa un fils :

    A) JACQUES DE SAUNHAC, marié le 24 septembre 1710, à sa cousine JEANNE-THÉRÈSE DE SAUNHAC. fille de Guion de Saunhac, Baron d'Ampiac et Villelongue, dont il sera parlé plus loin. (Arch., A., E, 1726.) [Voir page 67.]

6º JACQUES, seigneur de Glassac, qui fut maintenu en noblesse le 16 janvier 1671 et qui est inscrit sur la liste des Nobles de Lestap, en Albigeois. (Arch. Tarn, E, 993.)

7º JEAN, seigneur de Tanus, marié le 15 février 1650, à MARIE DE CIRON, et qui eut pour enfants :

    A) JEANNE, morte en 1706 et femme de CHARLES DE GINESTEL;

    B) FRANÇOISE, mariée à JACQUES DE GINESTEL;

    C) FRANÇOIS, marié à MARGUERITE DE SOUBIRAN, mort en 1738, laissant un fils :

        a) JEAN-FRANÇOIS, né à la Borie le 16 décembre 1722. Ce fut lui qui continua la branche dite de Tanus, dont on trouvera la suite plus loin, p. 87.

8º CHARLES DE SAUNHAC. Nous n'avons aucun renseignement sur lui; cependant, il se pourrait que ce fut le même que Charles de Saunhac, marié à Anne de Villeneuve. Celui-ci était mort en 1688, au plus tard, puisque, à cette date, nous voyons la veuve « de Charles de Saunhac » plaider contre Ignace Tourette, Chirurgien de Sauveterre, au sujet de la terre de Cussan, qui avait été affermée audit Tourette et dont la propiété était revendiquée par François de Saunhac, seigneur du Périé. (Arch., Av., E, 791.) Dans la Branche du Périé, il n'y avait aucun membre qui portât le nom de Jean, et, à cette époque, il ne restait plus que François, seigneur du Périé, qui n'avait qu'une fille.

A la même époque, nous trouvons un « Joseph Raveille de Saunhac de Montredon d'Assac », dont le cœur est déposé en l'église d'Ampiac. (Arch. du Tarn, E, 924.) Il semblerait donc qu'il appartenait à la Maison de Saunhac, mais nous ne savons comment l'y rattacher.

DIX-SEPTIÈME DEGRÉ

HERCULE DE SAUNHAC, Baron d'Ampiac et de Villelongue, Capitaine de Chevau-Légers, commanda la Noblesse du Rouergue en plusieurs rencontres et fut blessé, en 1637, à Leucate. Il dépensa beaucoup pour le service du Roi, ce qui dérangea ses affaires.

Il fut baptisé le 1er juillet 1600. (P. J., nº 192.) En 1606, le 18 juin, il reçut une donation d'Anne d'Agens de Loupiac, veuve de Clémens de Cassagnes, seigneur des Crosets. (P. J., nº 201.) Il avait à peine six ans. Plus tard, en 1629, le 31 mai, il acquit de François III de Solages, baron de Tholet, tous les droits que celui-ci possédait à Villelongue. Cette acquisition fut faite moyennant 300 livres qu'Hercule devait verser à son père Raymond, pour le rembourser des dépenses que celui-ci avait faites en allant plusieurs fo s à Riom, afin de tirer de prison François II de Solages, Chevalier de l'Ordre du Roi, Sénéchal de Rouergue et père de François III de Solages. (P. J., n° 264.)

En 1616, le 11 août, Hercule avait été héritier particulier de son grand-père, Louis de Raffin, seigneur de Villelongue. (P. J., n° 240.)

Nous avons vu plus haut qu'en 1624 il fut donataire de tous les biens de son oncle Guion, l'Oratorien.

Hercule épousa, le 23 avril 1623, FRANÇOISE DE BUISSON BOURNAZEL, fille de François de Buisson Bournazel et de Florette de Morlhon Sanvensa. (P. J., n° 252.) Il eut de nombreux enfants :

1° GUION, seigneur de Rodelle qui suit;

2° FRANÇOIS, né le 10 mars 1632, auteur de la Br. de Castan;

3° JEAN-FRANÇOIS, seigneur de Fabrègues, né le 23 février 1633 (P. J., n° 288 *bis*);

4° FRANÇOISE, née le 4 décembre 1636, épousa JACQUES DE GAYRAL (P. J., 288 *bis*);

5° FRANCOIS, seigneur de Toisac, testa à Millau, le 14 mars 1655, au moment où il partait pour l'armée de Guise (P. J., n° 295);

6° JEAN, prêtre, seigneur de Cabanès, né le 20 janvier 1641 (P. J., n° 288 *bis*);

7° N..., morte, 14 mars 1640;

8° N..., née en 1630, morte en 1639, le 8 novembre;

9° N..., née vers 1632, morte le 17 février 1640;

10° CATHERINE, religieuse, née le 15 octobre 1642 (P. J., n° 301);

11° JEANNE, épousa le 16 mai 1658, JEAN DE PORTAL, seigneur de Dols;

12° MARIE, épousa : 1° F. DE LONG, seigneur de Basilhes; 2° J.-J. DE PUEL, seigneurde Pourcaresse. (P. J., n°s 283 *bis* et 288 *bis*.)

Hercule avait consigné, dans un cahier spécial, les dates des naissances et décès de ses enfants, et c'est là que nous avons puisé ces renseignements.

Hercule eut à se plaindre de plusieurs de ses enfants et notamment de Guion, son fils aîné, qui lui fit de nombreuses chicanes.

On voit, le 26 novembre 1664, une promesse que fait Hercule de reprendre chez lui Jean, seigneur de Cabanès, qu'il avait chassé à cause

de sa mauvaise condu:te. Il lui impose la défense de sortir de Villelongue sans sa permission. (P. J., n° 309.)

Il mourut en 1671, à l'Isle-d'Albi, où il était de passage. On l'en-
terra dans l'église paroissiale de Notre-Dame de la Jonquière.

Guion, dès qu'il apprit la mort de son père, se hâta d'aller à l'Isle,
mais il avait été devancé par sa sœur Françoise et par Jean de Saunhac,
Recteur de Cabanès. Il s'informa des circonstances dans lesquelles
son père était mort, et demanda notamment s'il avait fait un testament.
A quoi il fut répondu que le moribond avait déclaré que son testament
était fait depuis plusieurs années. (P. J., n° 324 *bis*.)

Françoise de Buisson était déjà morte, ainsi que cela est établi par
un acte du 3 novembre 1670. (P. J., n° 323.)

DIX-HUITIÈME DEGRÉ

GUION DE SAUNHAC, baron d'Ampiac et de Villelongue, etc.,
était né vers 1630. Il épousa, le 2 août 1654, *ISABEAU DE GOZON*,
fille de Jean de Gozon, seigneur de Montmaur et Pradels, et d'Isabeau
de Montmaur de Murles. La dot était de 12.000 l. (P. J., n° 290.)
Les bans avaient été publiés le 2 août 1654. (P. J., n° 291.)

Jean de Gozon était fils de Siméon de Gozon, qui acheta Pradels en
1572, et c'est par le mariage d'Isabeau de Gozon avec Guion de Saunhac que ce fief entra dans la Maison de Saunhac.

Guion fut en de très mauvais termes avec son père qui, dans son
testament de 1648, déclare ne rien vouloir lui donner, parce que, « de
concert avec sa mère, il s'est emparé d'Ampiac, qu'il y a tenu garnison
pendant six mois, décrocheté coffres, armoires. pris argent. papiers,
armes, chevaux, etc. » (P. J., n° 283 *bis*.)

Cependant en 1654, le 26 septembre, Guion, en qualité de donataire
de son père, s'efforçait de recouvrer des biens grevés de substitution.
(P. J., n° 293.) Un an plus tard, il assignait son père au sujet d'une
donation que celui-ci lui avait faite. (P. J., n° 294 *bis*.)

Le 5 décembre 1658, un accord étant intervenu après de longues
discussions qui avaient failli dégénérer en procès, Hercule fit à son fils
une donation universelle, sous certaines conditions telles que la jouis-
sance du château de Villelongue, une pension de 700 livres, entretien
des frères et sœurs de Guion, etc. (P. J., n° 297.)

Deux ans plus tard, Guion parvint à arracher à son père quelques
concessions : Hercule renonce à la pension qu'il s'était réservée, au bois
et au foin qu'il avait droit de prendre, il accorde un délai pour le paiement de la pension qui lui est due et pour faciliter le paiement de
celle-ci, il autorise Guion à faire certaines aliénations. (P. J., n° 304.)

Cette transaction ne rétablit pas la bonne harmonie entre le père et le fils. Celui-ci se montrait d'autant plus exigeant que celui-là, était plus conciliant. Hercule faisait preuve d'une bien grande faiblesse, en quoi il eut tort. L'année suivante le père et le fils étaient en procès et nous trouvons un Arrêt du Parlement en date du 25 novembre 1661, qui interdit à Hercule de rien faire contre son fils et ses serviteurs et de le troubler en rien ni d'user d'aucune violence sous peine de 4.000 l. d'amende, le prenant sous sa protection et sauvegarde, lui, ses biens, ses serviteurs et vassaux, avec défense à son père de lui causer aucun trouble. (P. J., no 306.)

Guion n'était pas seul à causer des ennuis à son père : il résulte d'un acte du 26 novembre 1664, qu'Hercule avait chassé de chez lui, comme nous l'avons dit plus haut, Jean de Cabanès, son fils alors âgé de 23 ans, à cause de sa mauvaise conduite. Il avait consenti à le reprendre sur les instances de David de Saunhac Montalègre, frère d'Hercule.

Guion, lui aussi, avait souvent maillé à partir avec ses frères, François, seigneur de Castan et Jean de Cabanès qu'il accusait de l'avoir dépouillé par violence. De là, nouveau procès. Un premier Jugement renvoya les parties devant le Parlement le 1er février 1669. (P. J., no 318.)

Tout d'abord, Jean de Cabanès, fit défaut le 26 février (P. J., no 320) puis, au mois d'août le 23, survint une transaction et Jean obtint une légitime de 1500 livres. (P. J., no 322).

Obligé de payer ses frères et sœurs, Guion se résigna à donner à chacun ce qui était dû. Il vendit à titre d'antichrèse, ou si l'on préfère, il engagea à son beau-frère, Jean de Portal, les revenus d'Ampiac, Castan et Toisac. (P. J., no 323.) Portal lui versa 35.000 livres dont il garda pour le compte de sa femme Jeanne de Saunhac, 4000 livres. Le surplus fut partagé entre les autres enfants d'Hercule. Catherine, religieuse (3000 l.), François de Castan (3.000 l.), Jean de Cabanès (4.500 l.), Françoise (4.000 l.), Marie (4.000 l.), Jean de Fabrègues (4.500 l.), et à François de Castan une somme supplémentaire de 1700 l.

Une somme de 5000 livres était mise en réserve pour payer les dettes d'Hercule. Guion garda le reste pour lui. (P. J., no 323.)

Nous avons déjà dit qu'Hercule était mort à l'Isle-d'Albi et que son fils Guion s'était rencontré en cette ville avec une de ses sœurs et un de ses frères. Rentré chez lui, peu de jours plus tard, il constata que pendant son absence François de Castan, accompagné de soldats, avait pénétré par effraction dans le château de Villelongue. (P. J., no 236.)

Quelques jours plus tard, Jean de Cabanès, Jean de Fabrègues, Françoise, Marie et Jean de Portal, décidèrent de réclamer le montant des droits de succession de leur père. Ledit Portal se chargea d'avancer les frais. (P. J., n° 326 *bis*), mais le 5 janvier 1672, par ordre du Maréchal d'Albret, Guion fut remis en possession du château : Castan et Cabanès en furent expulsés. (P. J., n° 327.)

Le procès intenté à Guion vint au Parlement, qui, le 19 juillet 1672, adjugea une provision aux demandeurs. (P. J., n° 329.) Enfin, le 20 juillet 1673, survint une transaction entre les cohéritiers. (P. J., n° 331.)

Nous avons déjà dit que Portal et ses mandants avaient engagé une action contre Guion : tout se termina par une autre transaction du 19 novembre 1675. Ampiac resta la propriété de Portal, à charge de désintéresser Jean de Cabanès et ses deux sœurs. (P. J., n° 336.)

La bonne harmonie ne régna pas encore entre frères et sœurs. Le 14 janvier 1676, Guion assigna Jean de Cabanès et François de Fabrègues, qui venaient chaque jour chasser devant sa porte, le provoquer et l'insulter. (P. J., n° 338.) Une Enquête fut ordonnée qui aboutit à la prise de corps de Cabanès et de Fabrègues. (P. J., n° 338.) Le 29 novembre de la même année, Cabanès était poursuivi pour enlèvement de meubles (P. J., n° 339) et le 1er septembre, son frère Castan et lui étaient accusés de vol d'effets. (P. J., n° 344.)

En 1670 ce sont les religieuses de Notre-Dame à Rodez qui interviennent au nom de Catherine de Saunhac, fille d'Hercule. Elles attaquent Guion, Portal, Cabanès et Castan. Le résumé de l'Arrêt est trop succint, pour qu'il soit possible de savoir très exactement sur quoi portait le différend, il semble que l'Arrêt fit une cote mal taillée et que personne n'obtint pleine satisfaction. (P. J., n° 343.)

La même année, le 15 septembre, Guion s'en prend derechef à Cabanès et Castan qui lui ont, paraît-il, soustrait quelques effets. (P. J., n° 344.)

Guion n'avait pas eu d'enfants de sa première femme Isabeau de Gozon qui mourut à une date inconnue. Il épousa en secondes noces Dlle FRANÇOISE DE VIGOUROUX, fille de noble Antoine de Vigouroux de Barry et de feu Dlle Marie de Neuvéglise. (P. J., n° 345 *bis*.) Il obtint de l'Évêque de Rodez la dispense de deux publications. C'était en janvier 1682. (P. J., n° 345.) Son contrat de mariage est du 6 septembre précédent. La publication fut faite à Rodez le 2 février et le mariage fut célébré à Abbas, près de Rodez. (P. J., n° 345.)

Peu après son mariage, il s'aperçut que les affaires de son beau-père allaient fort mal et il demanda au Parlement la saisie des biens, qui fut accordée le 11 janvier 1683 (P. J., n° 348) et qui eut lieu le 27 janvier. (P. J., n° 349.)

Trois ans plus tard, nous trouvons Guion à Toulouse dans la prison des Hauts Murats : il y était détenu depuis quinze mois! Il paraît que, sous prétexte de quelques dettes, il avait été interné à la requête de ses adversaires qui avaient trouvé ce moyen de se débarrasser de lui et de l'empêcher de s'occuper des affaires de son beau-père, lesquelles étaient d'un grand intérêt pour lui, puisqu'il n'avait pas touché la dot de sa femme. Son Procureur, nommé Malirac, s'étant porté caution pour lui, il recouvra enfin sa liberté. Il se plaignait amèrement des vexations, extorsions et friponneries de son geôlier. Ses affaires durent l'appeler fréquemment à Toulouse où il mourut le 2 août 1694. Il fut enterré au Cimetière Saint-Sauveur, aujourd'hui Terre-Cabade. (P. J., n⁰ 351.)

Il avait eu de son mariage :

1⁰ ARMAND JEAN ANTOINE, qui suit;

2⁰ THÉRÈSE, née en mars 1685, qui épousa en 1711, JACQUES DE SAUNHAC son cousin, fils de David de Saunhac, seigneur de Montalègre, et d'Anne de Molins, le 24 septembre. (Arch., Av., E, 1726.) Françoise de Vigouroux, mourut le 14 juin 1702, à Villelongue et fut enterrée le lendemain à Cabanès dans l'église. Le 23 mai 1702, elle avait fait une donation à son fils. (P. J., n⁰ 364 *bis.*)

DIX-NEUVIÈME DEGRÉ

ARMAND JEAN ANTOINE DE SAUNHAC, Comte et Marquis de Villelongue, etc., naquit peu après le mariage de ses parents puisqu'il se maria lui-même, en 1706. A cette époque il servait dans les Mousquetaires du Roi. Il épousa, le 31 janvier 1706, à Saint-Céré, en Quercy, Dⁿᵉ *JEANNE CATHERINE DE BELHOMME*, fille de Michel-Louis de Belhomme et de Catherine de Marcilhac. (P. J., n⁰ 367 *bis.*) La dot fut de 10.000 livres. Il fit un Accord le 15 mai 1710, avec Thérèse de Saunhac, sa sœur, et il paraît que Guion était mort *ab intestat.* (P. J., n⁰ 369 *ter.*) En 1723, le 4 juin, il rendit hommage pour Villelongue. (P. J., n⁰ 374 *bis.*)

Le 4 avril 1736, il reçut de la part du Roi une lettre du Cardinal de Fleury, adressée à M. le Marquis de Villelongue ». C'est sans doute à partir de ce moment-là qu'il prit le titre de marquis, en vertu de l'adage : Le Roi ne se trompe pas. (P. J., n⁰ 380 *bis.*) Il acheta le 12 octobre 1741 la paroisse de Castanet, que lui vendit René Marc d'Adhémar de Panat, mandataire de François d'Albignac, seigneur du Triadou-Peyreleau. (P. J., n⁰ 381 *bis.*)

Armand testa, le 14 décembre 1762, instituant son fils Michel-Louis-Jean. (P. J., n⁰ 397 *bis.*)

Ses enfants furent :

1º MICHEL-LOUIS-JEAN, qui suit;

2º LOUISE-CATHERINE, mariée à PHILIPPE-HENRI DE VÉ-
RANNE, habitant à la Voulte en Vivarais, le 16 juin 1761. (P. J.,
nº 410.)

3º ANTOINETTE CLÉMENCE. (P. J., nº 396 *bis*.)

VINGTIÈME DEGRÉ

MICHEL-LOUIS-JEAN DE SAUNHAC, Marquis de Villelongue
Lieutenant des Maréchaux de France, le 12 mai 1757 (P. J., nº 410 *bis*)
est qualifié dans cette nomination « Chevalier, Baron d'Ampiac, Comte
de Villelongue, seigneur de Castanet, du Pas, etc. »

Le 22 octobre 1757, il reçut les Provisions du Grand Sceau de France
relatives à cette charge. Le 5 juillet 1758, il prêta le serment requis
entre les mains du Comte de Panat. On voit, dans cette pièce, qu'il
était né à Saint-Céré, le 1er mars 1709. (P. J., nº 411.)

Le 28 août 1758, à Toulouse, le Parlement enregistra les Lettres
Patentes du 22 octobre 1757. (P. J., nº 412.)

Il acquit, le 13 octobre 1766, les fiefs de la Combe, Almairac, Puy,
Vinsie, qui lui furent vendus par Marguerite de Rességuier, femme
de Victor de Galaup de la Pérouse. (P. J., nº 413.)

Le 12 août 1745, il avait épousé sa cousine MARGUERITE DE
PORTAL, DAME D'AMPIAC, et ce fut ainsi que la baronnie
d'Ampiac rentra dans la Maison de Saunhac. (P. J., nº 414.)

Les futurs époux étant proches parents ; il y eut lieu à une dispense
qui fut accordée par l'Évêque le 9 septembre 1745. (P. J., nº 415.)

Michel-Louis-Jean testa le 22 août 1772, à Villelongue. (P. J.,
nº 416.)

Il laissa six enfants :

1º JEANNE-MARIE-ANTOINETTE, née le 1er décembre 1747;

2º JEAN-ANTOINE-JACQUES-LOUIS, né en 1751, testa le 21 août
1779. Il est qualifié Chevalier, Comte de Villelongue, seigneur de
Castanet, du Pas, de Saint-Félix, de Cassagnes Comtaux, baron
d'Ampiac, Lieutenant des Maréchaux de France après son père. Il
institua sa mère comme héritière. (P. J., nº 417.)

3º ANTOINETTE CLÉMENCE

4º LOUIS-PHILIPPE-HENRI, qui suivra;

5⁰ JEAN-JACQUES, Baron d'Ampiac, Marquis de Villelongue seigneur de Castanet, le Pas, etc', émigra. Il rentra en France et se cacha à Paris où un coutelier nommé Garrigues et originaire de l'Aveyron le reçut avec dévouement. Mais un autre aveyronnais, nommé Calmels et originaire d'Ampiac, le dénonça. Il fut immédiatement arrêté et exécuté le 6 vendémiaire An II.

6⁰ GABRIEL AMANS CHARLES, né en 1770, se noya accidentellement dans la rivière qui coule au pied du château.

VINGT-UNIÈME DEGRÉ

LOUIS-PHILIPPE-HENRI DE SAUNHAC, Marquis de Villelongue fut d'abord Lieutenant au Royal Cavalerie. Il émigra, puis, rentré en France, il s'établit à Villelongue, où il est mort en 1833, sans postérité.

Avec lui finit la Branche d'Ampiac Villelongue.

BRANCHE DE CASTAN

Cette branche se rattache à celle d'Ampiac : elle a pour auteur François de Saunhac, seigneur de Castan, deuxième fils d'Hercule. (Voir page 64.)

DIX-HUITIÈME DEGRÉ

FRANÇOIS DE SAUNHAC, seigneur de Castan, fils d'Hercule, seigneur d'Ampiac et de Françoise de Buisson Bournazel, fut légataire de son frère, Jean, seigneur de Toisac, le 14 mai 1655. (P. J., n⁰ 295.) Il épousa le 25 septembre 1652, à Lédergues Dⁱˡᵉ *ANNE DE BOURZÉS DE LA ROUVIÈRE*, fille de Jean de Bourzès et de Gabrielle de Rollandes laquelle était veuve de noble Louis de Gisclard del Batut. (P. J., n⁰ 287.)

D'une donation qu'il fit à ses quatre fils, il résulte que François eut quatre enfants (P. J., n⁰ 355) :

1⁰ JACQUES, qui suit;

2⁰ JEAN, Chevalier de Saint-Louis, Gouverneur de Péronne;

3⁰ N..., Lieutenant au Régiment de Saintonge;

4⁰ N...

DIX-NEUVIÈME DEGRÉ

JACQUES DE SAUNHAC DE CASTAN, seigneur de Castan, la Gasconie, Lieutenant au Régiment de Rouergue, épousa en 1698, *ISABEAU DE ROQUEFEUIL*, fille de Jean de Roquefeuil de la Bessière et de Marie de Saunhac d'Aiguesvives. (P. J., n⁰ 364.) Dans ce contrat, il rappelle ses père et mère, François de Saunhac Castan et Anne de Bourzès.

Il eut trois enfants :

1⁰ VALENTIN, qui suit;

2⁰ FRANÇOIS, connu par un acte du 14 janvier 1765. (P. J., n⁰ 401.)

3⁰ JEAN.

VINGTIÈME DEGRÉ

VALENTIN DE SAUNHAC DE CASTAN, seigneur de la Gasconie, épousa : 1⁰ *MARIE D'AT*, fille de Pierre d'At et de Marie-Anne de Frayssinet; 2⁰ en 1763, *MARIE-ANNE DE PENDARIES*, fille de feu Étienne de Pendaries et de Catherine Foissac. (P. J., n⁰ 418 et 419)

De son second mariage, il eut :

1⁰ JEAN-FRANÇOIS, qui suit;

2⁰ N..., morte, célibataire;

3⁰ JEAN, mort au service.

VINGT-ET-UNIÈME DEGRÉ

JEAN-FRANÇOIS DE SAUNHAC DE CASTAN, né à Lentin, le 13 janvier 1765, fut doté de la Chapellenie d'Escorbiac en 1786. Vicaire général de Cahors, il fut, en 1817, nommé évêque de Perpignan. Il est mort le 9 décembre 1853.

Mgr de Saunhac ajoutait à son nom celui de Belcastel et cela, sans aucun droit. Le nom de Belcastel avait passé à la Branche du Fossat qui ne le porta pas, mais il fut repris par les branches de la Mothe-Ferrensac et de la Clausade, issues de celle du Fossat.

Lors du procès des Trois Veuves, la terre de Belcastel passa dans la Maison de Morlhon Sanvensa et de là dans la Maison de Buisson Bournazel. Cette maison a possédé Belcastel jusqu'à la Révolution.

BRANCHE DE LA MOTHE-FERRENSAC

SEIZIÈME DEGRÉ (1)

BERTRAND DE SAUNHAC BELCASTEL, seigneur de Bréganty était fils de Pierre de Saunhac, Baron du Fossat et de Marquèse de Gironde. Il épousa le 22 mars 1615, *FRANÇOISE DE PEYRONNENQ*, fille de Pierre de Peyronnenq, seigneur de Saint-Chamarand, Chevalier de l'Ordre du Roi et de D^{lle} de Carbonnières.

Il testa le 14 juin 1643, laissant un fils :

1º BERTRAND, qui suivra.

Bertrand de Saunhac avait été Page de la Princesse de Condé née la Trémoille, et il est connu sous le nom de « Page Belcastel. »

Le Prince de Condé ayant été, dit-on, empoisonné, on arrêta tous les gens du Prince : deux d'entre eux avaient disparu. L'un de ceux-ci, dit le Duc d'Aumale, « était un page de 16 ans, appelé Belcastel ». L'autre était un valet de chambre nommé Corbais.

« Tous deux étaient au service de la Princesse de Condé... Des commissaires furent nommés pour instruire le procès, Belcastel fut exécuté en effigie... On a prétendu que grosse des œuvres du Page Belcastel et ne pouvant plus dissimuler son état, la Princesse avait empoisonné son mari pour échapper à une juste vengeance, mais aucun fait, aucune déclaration ne vint à l'appui de cette assertion... » (*Hist. des Princes de Condé*, par le Duc d'Aumale.)

La princesse fut solennellement acquittée par Arrêt du 24 juillet 1596 et, auparavant, le Roi avait consenti à être le parrain de son fils. Il ne

(1). L'auteur de cette branche prit le nom de Belcastel et l'on verra, p. 74, que son frère Guion, auteur de la branche de la Clausade, fit de même, tandis que la branche aînée continua à porter le nom du Fossat.

semble donc rien rester de ce que le Duc d'Aumale appelle lui-même la fable du Page Belcastel.

En tous cas, cela ne nuisit en rien au Page, ni à ses descendants, car il vécut paisiblement dans ses terres et ses enfants et petits enfants continuèrent à occuper des emplois importants dans la Maison de Condé.

DIX-SEPTIÈME DEGRÉ

BERTRAND II DE SAUNHAC BELCASTEL, seigneur de Bréganty, la Mothe Ferrensac, etc., Gentilhomme de S. A. R. le Prince de Condé, Capitaine de Cavalerie, le 17 juillet 1649, épousa *MARIE DE BAR DE MAUZAC*, le 26 juin 1636, et il fut père de :

1o PIERRE-JEAN-LOUIS, qui suit;

2o FRANÇOISE, qui épousa le 22 décembre 1660, LOUIS DE GIRONDE, seigneur de Piquet, Capitaine au Régiment de Guienne, fils de Marc de Gironde et de Catherine de Beaumont.

3o MARGUERITE, mariée à N... del Rieu de la Borie.

DIX-HUITIÈME DEGRÉ

PIERRE-JEAN-LOUIS DE SAUNHAC BELCASTEL, seigneur de Bréganty, la Mothe Ferrensac, etc., Lieutenant des Gardes de S. A. R. le Prince de Condé, Gentilhomme de sa Chambre, épousa à Aurillac, en 1667, *JEANNE DU SAILLANT*, veuve de Messire Henri de Jugeals. Elle testa, le 16 juillet 1693.

De ce mariage :

1o MARIE DE SAUNHAC;

2o ANTOINE, sans postérité;

3o MARGUERITE, qui suit;

4o ISABEAU.

Pierre-Jean-Louis de Saunhac Belcastel était connu sous le nom de M. de Ferrensac.

DIX-NEUVIÈME DEGRÉ

MARGUERITE DE SAUNHAC BELCASTEL, Dame de Bréganty, de la Mothe Ferrensac, etc., fut la dernière de cette branche. Elle épousa, le 31 mars 1694, son cousin germain *PIERRE-JEAN-*

LOUIS DE GIRONDE, fils de Louis de Gironde et de Françoise de Saunhac Belcastel. (Voir p. 48, Degré XVIII, 2º.)

Elle porta dans la Maison de Gironde les biens de sa branche notamment la terre de la Mothe Ferrensac qui avait été donnée à Bertrand de Saunhac (Degré XVIe) par Bertrand de Loupdat, marié à Marquèse de Gironde, mère dudit Bertrand. Il ne faut pas oublier que Marquèse de Gironde, devenue veuve de Pierre de Saunhac, Baron du Fossat, se maria en secondes noces, avec Bertrand de Loupdat, fils de N... de Loupdat et de Jeanne de Saunhac Belcastel, belle-sœur de Marquèse de Gironde. (Voir page 24, Degré XIV, 7º.)

La généalogie de la Branche qui précède a été dressée d'après les titres qui se trouvent au Château de la Mothe Ferrensac et dont feu le Comte Louis de Gironde, Officier de Marine, avait bien voulu me donner communication.

Nous avons également utilisé des Preuves faites pour la Maintenue en noblesse qui se trouvent à la Bibliothèque Nationale.

BRANCHE DE LA CLAUSADE

SEIZIÈME DEGRÉ

GUION DE SAUNHAC BELCASTEL, seigneur de la Croze était le troisième fils de Pierre de Saunhac, baron du Fossat et de Marquèse de Gironde. Il est nommé dans le testament de sa mère en date du 23 août 1622. (P. J., nº 270.) Il avait épousé le 2 mars 1609, *GABRIELLE DE BÉCAVE*, fille de Pons de Bécave et de Jeanne de Montégut.

Il n'eut qu'un fils, qui suit :

DIX-SEPTIÈME DEGRÉ

HECTOR DE SAUNHAC BELCASTEL, seigneur de Plalon, maintenu en Noblesse, le 14 décembre 1666. Il épousa, le 2 mai 1641, *MARIE DE LARD*, fille de Jacques de Lard et de Madeleine de Calvimont.

Il épousa en secondes noces le 31 mai 1654, *MARIE DE CURSON*.

De son premier mariage, il avait eu :

1º JEAN, qui suit;

Et du second mariage :

2º JEAN, marié à Mlle DE CROZEFON;

3º FRANÇOIS DE SAUNHAC, seigneur de Lombarès, qui fut père de :

    A) FRANÇOIS DE SAUNHAC DE LOMBARÈS, qui épousa PHILLIPPE DE FABRE, dont :

        a) JEANNE DE SAUNHAC, mariée à son cousin JOSEPH DE SAUNHAC DU FOSSAT. (Voir Branche du Fossat, Degré XX.)

        b) HENRIETTE DE SAUNHAC, mariée à JEAN DE RIMONTEIL.

DIX-HUITIÈME DEGRÉ

JEAN DE SAUNHAC BELCASTEL, seigneur de la Roque, fut Maintenu en Noblesse, le 25 août 1698. Il épousa, le 14 juin 1683, *JEANNE DE DORDAIGUE*, fille de feu Mathurin de Dordaigue, seigneur de la Calsade et de Bonne de Vassal. Il testa le 17 novembre 1699, laissant :

1º JEAN qui suit.

DIX-NEUVIÈME DEGRÉ

JEAN DE SAUNHAC BELCASTEL, seigneur de la Tour, la Clausade, etc., marié le 11 août 1718, à *ANNE DE CONSTANTIN*, fille de Jean de Constantin et de Jeanne de Las Cases.

Il eut pour enfants :

1º JEANNE, née le 5 juillet 1719;

2º CATHERINE, née le 21 janvier 1722;

3º JEANNE, née le 3 janvier 1728;

4º JEAN, né le 12 février 1735, mort en 1740:

5º MARGUERITE, née le 1er mars 1734;

6º PIERRE, qui suit;

7º ANNE, née le 23 février 1742.

On voit dans le même temps plusieurs sujets isolés appartenant à cette branche et dont les noms figurent dans les Registres de Baptêmes, Mariages ou Décès de Capdrot. Voici leurs noms :

DENIS DE SAUNHAC, marié le 15 juin 1741, à CATHERINE DE CONSTANTIN, fille de Jean de Constantin, seigneur de la Mothe et de Marie de Pourquéry.

JACQUES DE SAUNHAC, figure comme parrain d'un des enfants de Jean de Saunhac et d'Anne de Constantin.

JEAN DE SAUNHAC, seigneur de la Croze est cité à la même époque.

MARIE DE SAUNHAC, âgée de 78 ans, meurt en 1816.

VINGTIÈME DEGRÉ

PIERRE DE SAUNHAC BELCASTEL, Chevalier de Saint-Louis, né avant 1736, Capitaine au Royal Roussillon, épousa le 9 avril 1771, *HENRIETTE JOSÈPHE DE MARSANNE*, fille de Jean-Louis de Marsanne, seigneur de Saint-Geniès et de Justine de la Coste.

De ce mariage :

VINGT-ET-UNIÈME DEGRÉ

JEAN-PIERRE JUSTIN DE SAUNHAC BELCASTEL, né le 5 janvier 1772, fut reçu Page de la Grande Écurie le 2 mars 1787. Il épousa *MARIE-URSULE DE BERTRAND DE CROZEFON*, née en 1772 et morte à Capdrot, le 2 avril 1816.

Il était de service aux Tuileries le 10 août et il donna au Roi les preuves d'un dévouement aussi héroïque qu'absolu. Il contribua dans une large mesure à protéger le Roi entouré d'une foule de brigands.

Il laissa cinq enfants :

1º JEAN-HENRI, qui suit;

2º PIERRE-JULES (*alias* Gustave), Garde du Corps de Louis XVIII, mort à Ruffec, en 1834;

3º MARIE-URSULE-JUSTINE, née le 2 octobre 1801, mariée à M. Dayries, morte à Dax, en 1898. Elle eut une fille mariée au Marquis de Pontchevron, inspecteur Général des Haras;

4º MARIE-URSULE-JOSÉPHINE, née en 1804, morte à Dax, le 17 décembre 1899;

5º LOUISE, morte en bas âge.

Jean-Pierre-Justin mourut à Ruffec, le 24 février 1839.

VINGT-DEUXIÈME DEGRÉ

JEAN-HENRI DE SAUNHAC BELCASTEL, né à Capdrot, le 1er octobre 1800, fut Garde du Corps de Louis XVIII, comme son frère, puis Capitaine au 7e Dragons et Chef d'Escadrons au 8e Cuirassiers. Il prit sa retraite en 1848 et se retira à Dax auprès de ses sœurs. Il y est mort le 15 décembre 1875.

Avec lui s'est éteinte la descendance mâle de la Branche de la Clausade.

La généalogie de cette Branche a été composée à l'aide des Registres de baptêmes, mariages et décès de Capdrot, des Jugement de Maintenue, et des Preuves faites pour l'Admission aux Pages de la Grande Écurie par Jean-Pierre-Justin, le 2 mars 1787.

BRANCHE D'AIGUESVIVES OU DE TALESPUES

QUATORZIÈME DEGRÉ

JEAN-PONS DE SAUNHAC, seigneur de Talespues, est qualifié « frère » de Jean III de Saunhac Belcastel et, par conséquent, il était comme lui, fils de Jean II de Saunhac. (P. J., nº 145 *bis*.)

Il épousa le 7 février 1527, *ANNE DE BELCASTEL*, fille de feu Jean de Belcastel, seigneur de la Pradelle et tante de Jeanne de Belcastel laquelle épousa, comme on le verra, Jean de Saunhac de Colombiès, frère de Jean-Pons. (P. J., nº 144 *bis*.)

Connue en Rouergue, dès 1075, la Maison de Belcastel occupait un rang distingué. Sa filiation remontait à Gailhard de Belcastel qui épousa vers 1390, Marguerite d'Adhémar. Gailhard fut père de Pons, marié à

Guine de Solerne. De ce mariage naquit Jean de Belcastel, père de la femme de Jean-Pons de Saunhac.

Les Belcastel qui ne possédaient plus depuis longtemps la seigneurie de Belcastel, ne tardèrent pas à quitter le Rouergue pour aller s'établir en Quercy. Leurs descendants ont été connus sous le nom de Belcastel de Montvaillant.

Pons de Saunhac, laissa quatre enfants :

1º LOUIS, qui suit;

2º JEAN;

3º MARIE;

4º JEANNE.

QUINZIÈME DEGRÉ

LOUIS DE SAUNHAC D'AIGUESVIVES, seigneur de Talespues, épousa *MARGUERITE DE REILHAC*, fille de feu Jean de Reilhac et d'Antoinette de la Montelerie, sa seconde femme. Jean de Reilhac avait épousé en première noces Anne de Moret. Les Reilhac qui portaient anciennement le nom de Sigald étaient d'origine chevaleresque. On trouve en 1296, « Monseigneur Jean de Reilhac Chevalier », de Moret, dans un Lausime.

Louis de Saunhac testa le 1er avril 1577, laissant :

1º JEAN, qui suit;

2º FRANÇOIS, seigneur de Méjanès, par son mariage avec ANTOI-NETTE DE MÉJANÈS, fille de César de Méjanès et de Jeanne de Glandières. Au XVIIe siècle, 22 membres de la famille de Méjanès servaient à la fois sous les ordres du Prince de Condé.

François mourut sans postérité le 14 mai 1657.

SEIZIÈME DEGRÉ

JEAN DE SAUNHAC, seigneur d'Aiguesvives, Talespues, Reilhac, etc., épousa le 16 novembre 1589 *ANTOINETTE DE TUBIÈRES*, fille de Jean de Tubières, et de N... de Morlhon. Les Tubières étaient une très ancienne maison qui avait de très belles alliances. Le troisième aïeul d'Antoinette, avait épousé Delphine de Gozon, fille d'une Grimoard et il fut appelé par le testament du Cardinal d'Albano, oncle ou frère du Pape Urbain V, à prendre le nom de Grimoard.

Jean de Saunhac testa le 31 décembre 1652, laissant :

1º FRANÇOIS, qui suit;

2º JEAN-FRANÇOIS, seigneur de Castelviel, marié à LUCIE DE COUDERC laquelle nomme dans son testament ses enfants, qui sont :

    A) FRANÇOIS DE SAUNHAC CASTELVIEL;

    B) BARTHÉLÉMY, seigneur des Combettes;

    C) JEAN-FRANÇOIS;

    D) LOUIS;

    E) ANTOINETTE, mariée à RAYMOND DE LA PANOUSE DU COLOMBIER;

    F) ANNE, mariée à PIERRE DE CAVILLE, seigneur de la Gardelle.

3º ANTOINE DE SAUNHAC, seigneur de la Rousserie;

4º CATHERINE, mariée à N... DE LA BASTIDE CAPDENAC. On trouve cette famille dans les temps les plus anciens. Arnaud de Capdenac, fut arbitre dans une contestation en 1161, ainsi que le prouve un acte qui est aux Archives de l'Évêché. Dans le siècle suivant on voit de nombreux représentants du nom. Il paraît probable qu'ils étaient seigneurs de Capdenac, près de Panat et non pas de Capdenac sur les confins du Lot et de l'Aveyron;

5º MARIE, religieuse;

6º ANTOINETTE, mariée à son cousin FRANÇOIS DE SAUNHAC DU PÉRIÉ.

DIX-SEPTIÈME DEGRÉ

FRANÇOIS DE SAUNHAC D'AIGUESVIVES, seigneur de Talespues, Reilhac, etc., épousa le 28 août 1623 *MARGUERITE DE RESSÉGUIER*, fille de Jean de Rességuier et d'Anne du Pont. Il testa le 9 décembre 1652.

Ses enfants furent :

1º JEAN, qui suit;

2º FRANÇOIS, seigneur de Lodières;

3º ANTOINE;

4º PIERRE, seigneur de la Julie;

5º ANNE, mariée : 1º à FRANÇOIS DE CRESPON DE RIEUSSEC; 2º à FRANCOIS DE GRENIER DE LA CROZE, seigneur de la Borie;

6º MARIE, mariée à JEAN DE ROQUEFEUIL DE LA BESSIÈRE et qui fut la grand'-mère de Mgr de Saunhac de Castan (dit Belcastel), Évêque de Perpignan;

7º ROSE.

DIX-HUITIÈME DEGRÉ

JEAN DE SAUNHAC D'AIGUESVIVES, seigneur de Talespues, Reilhac, etc., épousa le 5 juin 1667 *FRANÇOISE DE BOISSIÈRE*, fille de Jean de Boissière, seigneur de Carcenac et de Catherine de Pomarède. Il testa le 18 juin 1686, laissant huit enfants :

1º FRANÇOIS, qui suivra;

2º ARNAUD-ANTOINE, curé de Bozouls, testa, le 21 février 1738;

3º JOSEPH;

4º JEAN, Prieur de la Capelle;

5º JEAN-BAPTISTE;

6º CATHERINE, épousa Jean DE CRESPON (v. p. 86);

7º MARIE;

8º ANNE.

DIX-NEUVIÈME DEGRÉ

FRANÇOIS NAAMAS DE SAUNHAC D'AIGUESVIVES, seigneur de Talespues, Reilhac, etc., épousa le 16 février 1706, *CHARLOTTE DE VOLONZAC MALESPINA*, d'une très ancienne Maison venue de Toscane où elle était connue sous le nom de Malespina et qui avait pour nom patronymique celui de Niaudan qu'elle porta jusqu'à ce qu'elle eut pris celui de la seigneurie de Volonzac. Nous avons vu au Degré XI, Poncet de Niaudan, seigneur de Volonzac qui avait remis à Jean I de Saunhac Belcastel, 9.590 écus d'or pour délivrer le Comte d'Armagnac détenu à Carcassonne. (P.J., nº 120.) Charlotte de Volonzac descendait d'une Lignerac Caylus et d'une Grimoard du Roure.

François de Saunhac testa le 21 février 1738, laissant :

1º FRANÇOIS GASPARD-AUGUSTIN, qui suit;

2º URSULE;

3º LOUISE;

4º DENIS;

5º FRANÇOIS, qui testa le 13 septembre 1736.

VINGTIÈME DEGRÉ

FRANÇOIS-GASPARD-AUGUSTIN DE SAUNHAC D'AI-GUESVIVES, seigneur de Talespues, Reilhac, etc. Inspecteur des Haras du Rouergue, épousa le 31 août 1744, *MARIE D'OUVRELEUR DE LA BARBATTE*, fille de Pierre-Joseph d'Ouvreleur et de Marie de Verdun. Il mourut en 1793 laissant :

1° JEAN-FRANÇOIS-JOSEPH, qui suit;

2° MARIE-CHARLOTTE, religieuse aux Annonciades, morte à Rodez, en 1816.

3° MARIE-THÉRÈSE, morte en 1816;

4° MARIE-ÉLISABETH-CHARLOTTE, religieuse au Monastère sous Rodez, morte le 1er septembre 1832;

5° LOUIS-GASPARD, Capitaine au Régiment de Vermandois, émigra et mourut aux Baléares. Il avait épousé THÉRÈSE DE VAUDRI-COURT, dont il eut :

    A) JULIE DE SAUNHAC, mariée à EUGÈNE D'AX DE CESSALES.

VINGT-ET-UNIÈME DEGRÉ

JEAN-FRANÇOIS-JOSEPH DE SAUNHAC D'AIGUESVIVES, seigneur de Talespues, Fijaguet, etc., Chevalier de Saint-Louis, Capitaine au Royal Marine, épousa le 21 avril 1766, *MARIE-MAGDE-LEINE-THÉRÈSE DE BOISSIÈRE*, fille de Dalmas de Boissière et de Thérèse de Mengaud de la Hage. Mlle de Boissière était cousine de son mari. (Voir Degré XVIII, p. 80.) Elle avait pour grand-mère une Moret, fille d'une Bourbon-Malause.

Jean-François mourut le 14 mars 1826, et sa veuve est morte en 1857.

De ce mariage :

1° FRANÇOIS-AUGUSTE, mort jeune.

2° FRANÇOIS-CASIMIR, Garde du Corps de Louis XVIII, puis Capitaine au 44e d'Infanterie. Il donna sa démission en 1830 et se retira à Rodez où il est mort dans son hôtel qui lui venait des Boissière. Détail assez curieux cet hôtel, au seizième siècle, appartenait à un chanoine, Amans de Bonald, qui le donna à une de ses nièces Mme de Boissière. Les Saunhac l'ont hérité des Boissière et l'ont retransmis, toujours par héritage, aux Bonald qui le possèdent actuellement.

Quand il se fut retiré à Rodez, Casimir de Saunhac consacra sa vie aux bonnes œuvres et il fut un des piliers de la Société de Saint-Vincent-de-Paul. Il conserva toutes ses forces intellectuelles et phys'ques 'usqu'aux derniers jours, et sa mort fut la suite d'un accident : une fracture de l'épaule causée par une chute dans l'escalier.

3° LAURE-VICTOIRE, épousa GUILLAUME DE COIGNAC, Chevalier de Saint-Louis. Elle est morte en 1884, à un âge très avancé, à Lostanges, près de Castres, où elle s'était retirée chez M. Louis de Bonne, son gendre.

4° LOUIS-JOSEPH DE SAUNHAC, qui, après avoir travaillé pendant un certain temps au Ministère de la Justice, fut nommé Juge et puis Vice-Président au Tribunal de Rodez. Les nombreux services qu'il rendit à la Propagation de la Foi lui valurent la Croix de Saint-Grégoire le Grand.

N'ayant jamais voulu quitter Rodez où il s'était marié, il brisa ainsi sa carrière et renonça à tout avancement. Il fut à plusieurs reprises Conseiller Général et Conseiller Municipal de Rodez.

Il épousa, en 1824, Darie Constans del Bru des seigneurs de Sanhes, laquelle est morte à Rodez en 1877, en odeur de sainteté, pourrait-on dire : dans le peuple, on l'appelait « la sainte de l'Embergue ». (C'était le nom de la rue où elle demeurait.)

De ce mariage :

    A) Marie-Joseph-Léon, mort le 26 juillet 1900.

    B) Marie-Thérèse-Alexandrine-Camille, mariée en 1853, à Paul-Marie-Maurice, Vicomte de Bonald. Elle est morte en 1905;

    C) Marie-Julie-Irène, morte en 1883;

    D) Marie-Charles-Casimir, Officier de la Légion d'honneur, etc., Capitaine de Frégate. Il fit les Campagnes de Chine où il se distingua particulièrement; de Crimée, prit part, en 1870, au seul combat naval qui ait eu lieu pendant la guerre : le combat du Bouvet contre le Météor. Ce fut à la suite de cette affaire qu'il reçut la Croix d'Officier de la Légion d'honneur. Il prit sa retraite vers 1876 et mourut en 1884. (Voir : *A bord du Vautour, par le Vicomte de Bonald, son neveu*);

5° MARIE-EUGÈNE, qui suit ;

VINGT-DEUXIÈME DEGRÉ

MARIE-EUGÈNE DE SAUNHAC, le plus jeune des fils de Jean-François-Joseph, fut Inspecteur Général des Haras et Officier de la Légion d'Honneur. Il épousa, à Toulouse, *NANCY DE LASSALLE DE PRÉSERVILLE* et il mourut en 1876, laissant deux fils.

1º AUGUSTE, mort le 27 décembre 1907, âgé de 62 ans. Il avait fait la campagne de 1870. Peintre de talent, admis plusieurs fois au Salon, il s'adonna aux questions hippiques et sa compétence était reconnue de tous. Président de la Société des Courses, il donna à celle-ci un grand développement. C'est en très grande partie à lui qu'on doit la fondation du Concours Hippique;

2º HENRI, qui suit.

VINGT-TROISIÈME DEGRÉ

HENRI DE SAUNHAC, chevalier de la Légion d'honneur, entra, comme son père dans l'Administration des Haras et devint Inspecteur Général. En 1881, il épousa *BLANCHE DE THÉZAN*, fille d'Amans de Thézan et de Mlle de Thézan. Il est mort en 1923. Comme son frère, il avait fait la Campagne de 1870.

De son mariage, il avait eu deux fils :

1º GUILLAUME, Officier de Cavalerie, passé volontairement dans l'Infanterie pendant la guerre, est tombé glorieusement en 1918 sur le champ de bataille, à Saint-Quentin, le 10 octobre;

2º JEAN qui suit.

VINGT-QUATRIÈME DEGRÉ

JEAN, Comte *DE SAUNHAC*, né en 1885, a épousé à Monaco, en 1913, *MADELEINE BÉRAIL* dont la famille habitait l'Aveyron. Bien qu'il eut été victime d'un très grave accident de cheval pendant qu'il était au service, il a fait la campagne de 1914-1918.

De son mariage, il a :

1º HENRI, qui suit;

2º YVONNE, née 'e 1er septembre 1916.

VINGT-CINQUIÈME DEGRÉ

HENRI-MARIE-LOUIS DE SAUNHAC, né le 2 décembre 1914.

BRANCHE DE COLOMBIÈS

QUATORZIÈME DEGRÉ

JEAN DE SAUNHAC COLOMBIÈS, fils de Jean II de Saunhac Belcastel et frère de Pons de Saunhac Talespues, épousa le 1er décembre 1537, *JEANNE DE BELCASTEL*, fille de feu Pons de Belcastel et qui était très proche parente d'Anne de Belcastel, femme de Pons de Saunhac, mais on ne saurait préciser à quel degré. Elle appartenait à la branche des Belcastel de la Pradelle. Dans le contrat de mariage, il est dit que Jean de Saunhac Colombiès était frère de Jean III de Saunhac Belcastel ainsi que de Pons de Saunhac Talespues. (P. J., n° 245 *bis*.)

Jean de Saunhac de Colombiès testa le 18 mai 1544, laissant :

1º JEAN, qui suit ;

2º ANTOINE, auteur de la Branche du Périé ;

3º JEANNE ;

4º ISABELLE.

QUINZIÈME DEGRÉ

JEAN II DE SAUNHAC DE COLOMBIÈS, épousa *LOUISE DE JEAN DE ROCHEBLANC* et il testa en 1613, laissant :

1º GUILLAUME, qui suit ;

2º LOUIS ;

3º JEAN ;

4º MARIE ;

5º DELPHINE, qui testa en 1670 en faveur de son cousin François de Saunhac d'Aiguesvives ;

6º MARTHE, mariée à LOUIS DE MALEFIS.

SEIZIÈME DEGRÉ

GUILLAUME DE SAUNHAC COLOMBIÈS est connu par son testament de 1639 en faveur de sa sœur Delphine. Ses biens passèrent donc à la branche d'Aiguesvives puisque Delphine, comme nous l'avons vu, avait institué son cousin, François de Saunhac d'Aiguesvives.

BRANCHE DU PÉRIÉ

QUINZIÈME DEGRÉ

ANTOINE DE SAUNHAC DU PÉRIÉ, fils de Jean de Saunhac de Colombiès, épousa le 31 décembre 1576, *HÉLÈNE DE DOLIN*, fille d'Étienne de Dolin. Il testa le 27 avril 1578 et fit un codicille en 1587.

Ses enfants furent :

1º HENRI, qui suit;

2º BERTRANDE.

SEIZIÈME DEGRÉ

HENRI DE SAUNHAC DU PÉRIÉ, épousa, le 21 novembre 1605 *HÉLÈNE DE FRAMOND*, fille de François de Framond, seigneur du Bosc et de Louise de la Panouse. Hélène testa le 27 ma' 1646 et dans son testament elle nomme ses huit enfants :

1º ANNE;

2º FRANÇOISE;

3º MARGUERITE;

4º GABRIELLE;

5º LOUISE;

6º FRANÇOIS, qui suivra;

7º RAYMOND

8º CLAUDE, seigneur de Brazac, enseigne au Régiment de Cailly.

DIX-SEPTIÈME DEGRÉ

FRANÇOIS DE SAUNHAC DU PÉRIÉ, épousa le 28 octobre 1655 *ANTOINETTE DE SAUNHAC D'AIGUESVIVES*, fille de Jean de Saunhac d'Aiguesvives et d'Antoinette de Tubières, dont :

1º ANNE, fille unique.

DIX-HUITIÈME DEGRÉ

ANNE DE SAUNHAC DU PÉRIÉ, héritière de sa Branche, née le 10 septembre 1656, épousa le 23 juin 1673, *ANTOINE BOYER*, fils d'autre Antoine et d'Hélix de Gourdes, dont :

1º BERNARD, qui suit;

DIX-NEUVIÈME DEGRÉ

BERNARD DE BOYER DU BOSC, seigneur du Périé, épousa, le 15 décembre 1724, *CATHERINE DE CRESPON DE LA RAFFINIE*, fille de Jean de Crespon et de Catherine de Saunhac d'Aiguesvives.

Bernard de Boyer, étant déjà parent de Catherine de Crespon, il fallut une dispense qui se trouve dans nos Archives.

VINGTIÈME DEGRÉ

ANNE DE BOYER DU BOSC épousa *ANTOINE SÉBASTIEN DE BONALD*, Vicomte de la Rode.

La Généalogie des Branches d'Aiguesvives de Colombiès et du Périé ont été composées à l'aide des Jugements de Maintenue et surtout des papiers de ces branches, lesquels sont dans nos archives. Quelques pièces se trouvent aux Archives départementales.

BRANCHE DE LIMAYRAC

QUATORZIÈME DEGRÉ

BERNARD ou *BERTRAND DE SAUNHAC DE LIMAYRAC* était frère de Pons de Saunhac et de Jean de Saunhac du Colombiès. (P. J. nº 27 *bis* et 420.)

Il était seigneur de la Poujade. Il épousa *JEANNE DE RAMES* et testa le 14 novembre 1555, laissant :

1º JEAN (P. J. nº 193);

2º ANTOINE

3º DURAND;

4º FRANCOISE;

5º JEANNE, mariée à JEAN DE REILHAC.

QUINZIÈME DEGRÉ

JEAN DE SAUNHAC DE LIMAYRAC seigneur de la Poujade, est le seul dont on retrouve le nom. Il est mentionné dans le contrat de mariage de François de Saunhac Baron du Fossat. Dans ce contrat est ratifiée la vente de Limayrac faite par Clémens de Saunhac Belcastel, à Bertrand de Saunhac et de Limayrac, père dudit Jean. (P. J., nos 146, 421. 422, 423.)

BRANCHE DE TANUS ET LA GRANVILLE

Cette Branche se rattache à celle d'Ampiac. Nous avons vu Degré XVI, p. 63, que Raimond de Saunhac d'Ampiac eut pour septième enfant Jean, seigneur de Tanus, lequel fut père de François, marié à Marguerite de Soubiran

François eut un fils, né le 16 décembre 1722, à la Borie, lequel se nommait Jean-François et qui continua la descendance (1).

DIX-NEUVIÈME DEGRÉ

JEAN-FRANÇOIS DE SAUNHAC DE TANUS, né le 16 décembre 1722, épousa Françoise PAYSSI. Il mourut en 1782, laissant :

1º MARIANNE, mariée le 10 février 1777 à Jacques PROMPT, elle mourut en 1806;

2º MARIANNE, mariée à Antoine GISQUET;

3º FRANCOISE, mariée le 29 juin 1773, à JEAN FRANÇOIS MON-
GINOU;

(Voir page 63, ligne 12.

4º FIRMIN, marié à CATHERINE BOUTONNET, morte avant 1793, dont :

> *A)* JEAN-BAPTISTE, né le 15 mars 1778, épousa le 8 frimaire An XI, ÉLISABETH-ROSALIE VERGNES et mourut le 2 novembre 1866;
>
> *B)* FRANÇOISE, née le 1er septembre 1773;
>
> *C)* GABRIEL (1785-1787);
>
> *D)* FIRMIN-VICTOR, né le 6 septembre 1787 fut paraît-il, l'auteur d'un rameau établi au Bouriou près de Tanus;
>
> *E)* JEANNE, née le 1er mars 1790;
>
> *F)* AMANS, né le 19 octobre 1791.

Les enfants de Firmin et de Catherine Boutonnet quittèrent la grande ville pour aller s'établir en Albigeois.

5º JEAN-BAPTISTE, qui suit.

VINGTIÈME DEGRÉ

JEAN-BAPTISTE DE SAUNHAC LA GRANDVILLE, épousa *CATHERINE RECOULES*, dont :

1º FRANÇOIS-BAPTISTE, né le 9 novembre 1785, mort vers 1845;

2º CÉCILE, née le 1er juillet 1768;

3º CATHERINE, née le 12 novembre 1785;

4º MARIE-JEANNE, née le 8 février 1792, morte en 1834.

Là se bornent nos renseignements sur cette branche.

Il résulte d'un acte enregistré à Albi le 27 septembre 1872, que Firmin de Saunhac était devenu propriétaire de Flavin, qui appartenait à Marguerite de Portal d'Ampiac femme de Michel-Louis-Jean de Saunhac, marquis de Villelongue. Nous ignorons comment se fit cette transmission.

BRANCHE DE LA CALSADE

En 1706, nous trouvons quelques représentants d'une branche que nous ne pouvons pas rattacher à la souche. Voici ce que nous connaissons d'elle.

PREMIER DEGRÉ

N... DE SAUNHAC est connu par les enfants qu'il a laissés et qui sont :

1° GUION, qui suit;

2° MARIE, qui épousa N... DE VABRÉ (?);

3° MARIE, mariée à N..., du village d'Hyars;

4° N... dite « D^{lle} d'Aigue... ».

DEUXIÈME DEGRÉ

GUION DE SAUNHAC, Lieutenant au Régiment du Prince Charles Cavalerie, épousa *N... DE MOLY*, sœur de Pierre de Moly, prêtre, de Jean-Antoine de Moly, de Paule de Moly, femme de N... Dupuy et de Catherine de Moly, mariée à Jean d'Yzarn. (En 1570, on trouve un Guillaume d'Yzarn Chapelain de Flavin. (P. J., 424.)

Guion eut pour enfants :

1° FRANÇOIS, qui suit;

2° MARIE, religieuse, à Rodez.

TROISIÈME DEGRÉ

FRANÇOIS DE SAUNHAC DE LA CALSADE, servait en même temps que son père au Régiment du Prince Charles.

Ce fragment de généalogie a été composé à l'aide d'une pièce fort détériorée qui se trouve dans nos Archives n° 1130. Elle provient des archives de la Branche du Périé.

PIÈCES JUSTIFICATIVES

1º Entre 1144 et 1159, Bégon de Saunhac et Hugues son frère donnent à Amélius, abbé de Loc Dieu en Rouergue (près de Villefranche), le Mas d'Escartilhac et reçoivent 5 sols ruthénois en présence d'Adhémar de Gaubert et d'Hugues del Estroa. Amélius fut abbé de Loc Dieu de juillet 1144 à 1159 *(Gallia Christiana, t. I, p. 263.)*

2º En 1165, Hugues de Saunhac, Archidiacre de Rodez fut témoin d'une donation avec Déodat Imbert de Najac (Cart. de Loc-Dieu, fº 92.)

3º En 1165, Bégon de Saunhac donne à Loc-Dieu le Mas de Caracaels et reçoit 50 sols ruthénois. Témoins, Adhémar Guibert et Hugues de Lastroa (sic). Ce sont les mêmes témoins que dans la pièce nº 1 quoique l'orthographe des noms soit un peu différente. Dans cet acte, Saunhac est écrit Saunïac (Cart., de Loc Dieu, fº 93.)

4º Molto de Saunhac témoin d'une sentence arbitrale entre le comte de Rodez, Hugues II et son frère évêque de Rodez, en 1165 (Mém. de Bosc t. III, p. 211.)

5º Hugues de Saunach *(sic)* et Bégon son frère fils l'un et l'autre de Raymond de Saunach, donnent le droit que leur oncle Hugues de Saunach Archidiacre de Rodez avait sur l'église de Fontaine (Cart. de Loc Dieu, fº 58, verso, en 1168.)

6º *bis* En 1181, Pons et Ramond de Saunhac, témoins d'une donation faite par Guilhem Engelbert, Uga, sa fille et Rigal Peire, mari de celle-ci, à Pons, abbé de Bonnecombe (*Doat*, vol., 138, fº 52, à la Bibliothèque Nationale.)

11º En 1197, Raymond, Pierre-Raimond, Hugues de Saunhac, frères, Pétronille et Saurimonde, leurs sœurs, donnent la Calsade à l'Abbaye Bonnecombe en présence de Raymond de Calmont et d'Hugues de la Caze.

Le Comte de Rodez, Guillaume, se porta garant pour les dits Saunhac (Cart., de Bonnecombe, vol. II, p. 755, nº 24 de l'Inventaire.)

12º En 1197, les mêmes que ci-dessus, donnent à Bonnecombe les Mas de la Cour et del Touzet ainsi que la métairie d'Aubenac. (Inventaire, vol. II, p. 755, nº 24.)

13º Ausille ou Auzilens de Saunhac, fille de Bégon de Saunhac et Adhémar de Rames son fils, donnent à Bonnecombe le leud de Beaulieu (Belloc) en présence de Guion de Naucelle (Novacella) et de Raimond de Calmont (Cart. de Bonnecombe, t. II, p. 45.)

14º En 1199, Ausille de Saunhac, fille de Bégon et Adhémar de Rames son fils, donnent à Bonnecombe ce qui leur était dû sur le Mas de Josac. Témoins : Pierre Guirald et Hugues de Panat (Cart. t. II, pp. y 62 et 63.)

17º En 1212, Pierre Raimond de Saunhac et Rateira sa femme donnent à Bonnecombe la moitié de la vigne de Bonafossenca de Bougaune (Témoins : B. de Bruisac Guion de Naucelle, Cart. T, II, fº. 95.)

17º *bis* En 1212, Donation par Hugues de Saunhac, époux d'Hugue de la Barrière de la moitié de la vigne Bonafossenca dont l'autre moitié avait été donnée à ladite Abbaye par Pierre-Raymond de Saunhac frère dudit Hugues, Voir l'acte ci-dessus (Cart. de Bonnecombe, 2, 96 cité par Barrau, t. II. p. 256, en note.)

19º En 1217, Sentence de l'Official de Rodez au sujet de quelque affaire survenue en l'abbaye de Bonnecombe : parmi les témoins figure Bernard de Saunhac (Cart. T. I, p. 79.)

30º Le mercredi avant la Nativité de la Très Sainte-Vierge, en 1277, Hugues, Brenguier et Pierre-Raymond de Saunhac, Damoiseaux, fils et héritiers de feu « Monseigneur Hugues de Saunhac » chevalier du Bourg à Rodez, faisant tant pour eux que pour Pétronille leur sœur, femme de Guillaume Guitard, chevalier, font vente à Guillaume Calcinh *senior* du Bourg de Rodez de la moitié du Mas de Drulhe en la paroisse d'Ampiac dont l'autre moitié appartient à Guillaume de Saunhac damoiseau, leur « consanguin », plus la quatrième partie du Mas de Font Pouirit, plus un septier de seigle dû chaque année par Hugues de Vezins pour certains jardins sis à Castan, enfin tous les droits qu'ils peuvent avoir dans le susdit village et dans toute la paroisse d'Ampiac, excepté ce qui pourrait leur advenir de la succession de l'épouse d'Hugues de Vezins leur « consanguine ».

Cédant audit Calcinh toute la seigneurie, juridiction, droit de sang, hommages, quarts, quints, cens, etc, audit village...

Confrontant le Mas de Drulhe avec le chemin de Moyrazès avec terres d'Hugues d'Arpajon, avec la terre d'Hugues de Vezins et de sa femme, avec la terre de Bonnecombe, avec chemin allant au moulin d'Ayssens.

Intervenant audit acte Pierre-Guillaume Guitard et Pétronille, sa femme qui approuvent et ratifient. (Original parchemin Bernard Bose, notaire, scellé du scel du Comté de Rodez.)

(Année 1277, septembre.)

Deuxième acte du Jeudi après Saint Marc, 1278. Retrait fait par le Comte de Rodez, Henri, des biens vendus par Hugues, Brenguier et Pierre-Raymond, frères, fils et héritiers de feu Messire Hugues de Saunhac, Chevalier du Bourg à Rodez, à Guillaume Calcinh, lequel déclare avoir été remboursé de 75 l. rhodanois prix de ladite vente par seigneur Guillaume de Saunhac.

Témoins : Guillaume de Saunhac, Raymond de Saunhac.

Troisième Acte, 1278, le samedi après la fête de... au château du Comte à Rodez, Lettres du Comte de Rodez portant cession à Guillaume de Saunhac Damoiseau « Curiali nostro » des biens ci-devant vendus par Hugues, Brenguier et Pierre-Raymond de Saunhac damoiseaux, frères à Guillaume de Calcinho et de ce dernier, retirés par ledit Guillaume de Saunhac.

Ledit Guillaume rendit hommage au Comte desdits objets en fief franc et honoré, se réservant ledit Comte, la haute justice et ressort, laissant audit

Guillaume la moyenne et basse justice, comme l'ont tous les Chevaliers dans leurs fiefs francs et honorés.

Témoins : Pons de Luco, Déodat Bonafos et Bertrand de Salis, Damoiseaux.

(Il y a trois originaux en parchemin reçus par Bosc, not. signés séparément par lui dans le même parchemin scellé du scel du Comte de Rodez.)

30 *bis* Bail emphytéotique de la moitié du Mas de Saunhac paroisse de Vanc par Guillaume de Saunhac Damoiseau, fils et héritier de feu Hugues de Saunhac, Chevalier du Bourg à Rodez. Cet acte se trouve aux Archives de l'Aveyron Série C no 1380.

38o En 1271, Vente par Brenguière de Saunhac, femme de Messire Brenguier Buezon ou Beuzon, Chevalier, en faveur de Quatre de Peyrolas, Damoiseau « consanguineo suo » de tout ce qu'elle a au Moulin-Neuf sur l'Aveyron près de Rodez. Acte passé dans la maison de Raymond de Saunhac Chevalier, témoins appelés : Pierre-Raymond et Hugues de Saunhac Damoiseaux. (Arch. de l'Aveyron, Bureau des Finances.)

47o Donation pure et simple par Gentiane, fille de Messire Aymeric de Montferrier, Chevalier et veuve de Messire Arnaud de Buzeins, Chevalier, en faveur de Béatrix de Buzeins, sa fille, femme de Guillaume de Saunhac Damoiseau habitant du Bourg à Rodez présent et acceptant ladite donation pour raison de tous les biens qui appartenaient à son dit mari et à Arnaud et Guillaume de Buzeins, ses enfants. (Arch. Aveyron, Bureau des Finances.)

48o En 1294, le 7 des ides de septembre, Testament de Béatrix de Buzeins fille de Messire Arnaud de Buzeins, Chevalier, et femme de Guillaume de Saunhac Damoiseau, laquelle fait héritier son mari dans tous ses biens qui sont immenses, fait des legs sans fin aux maisons religieuses, substitue, à défaut d'enfants, Léonnet de Montferrier, Damoiseau, son cousin pour les biens qu'elle a dans la ville de Buzeins, dans le village de Vimenet et dans le Mas d'Ages (?), fait des legs à Gentiane (de Montferrier) sa mère, substitue pour les biens au Mas d'Angols paroisse de Vimenet et autres objets Sicard et Radulphe Calsada, Damoiseaux, ses frères germains. (Arch. de l'Aveyron, Bureau des Finances.)

49o En 1294, le 8 des ides de septembre, Testament de Dame Gentiane de Montferrier, femme de Messire Arnaud de Buzeins, Chevalier et fille de Messire Aymeric de Montferrier, Chevalier, laquelle après plusieurs legs tant à l'Évêque ses neveux qu'autres, fait héritière sa fille Béatrix de Buzeins. Témoin Guillaume de Saunhac Damoiseau. (*ibid.*)

51o Testament de Dame Bertrande, fille légitime de Bertrand de Calmont, Damoiseau et femme de Pierre-Raymond de Saunhac, Damoiseau du Bourg à Rodez, lègue à Isabelle de Saunhac sa fille, 1.200 sols, à Pierre-Raymond, son mari, fait héritier Guillaume Raymond de Saunhac, son fils, à Raymond, son autre fils, 50 sols de rente. (Arch., Av. Bureau des Finances, Série C, 1385.)

52o En 1299, Testament de Pierre-Raymond de Saunhac, Damoiseau, habitant du Bourg à Rodez lequel fait des legs immenses, lègue à Raymond son frère, religieux, Hélène sa sœur, Bertrande de Saunhac (Calmont) sa femme, lègue à Raymond de Saunhac, son fils, fait héritier universel Guillaume de Saunhac, son fils et de ladite Bertrande (Arch. Av. Série C, 1385.)

52 *bis* Accord sur procès entre Bertrande de Calmont, fille de feu Bertrand de Calmont et veuve de Pierre-Raimond de Saunhac Damoiseau, du Bourg de Rodez, et D. Pinso et Huguette Raynald, mariés. (Archives Aveyron, Série C. 1388.)

53º Autre Testament de Bertrande de Calmont (elle avait testé trois fois), veuve de Pierre-Raimond de Saunhac, fille de Bertrand de Calmont Damoiseau. Elle fait divers legs particuliers à Isabelle et Maralde de Saunhac, ses filles (9000 s.), à Raymond, son fils, elle donne le Mas de la Garrigue, paroisse de Luc, et institue Guillaume, son autre fils. (Arch., Av., C. 1389.)

54º Reconnaissance féodale par noble Dame de Saunhac, Bertrande de Calmont et noble Guillaume de Saunhac, son fils au Comte de Rodez, pour Montoulieu, la Roquette, la Navette, Saint-Maximin, Onet, le Mas de la Garrigue, la Calmette, la Boyssonade, etc. (Original au Fossat, et Arch. Aveyron, Reg., de Basterii Not. à Rodez.) En 1323, le samedi après Saint-Pierre.

57º En 1319, jeudi après Saint Mathieu, Quittance par Guillaume de Saunhac, Damoiseau du Bourg à Rodez à Durand Nattes, fils et héritier, d'autre Durand Nattes, de 146 sols rhodanois à compte de la constitution dotale de Finette de Nattes, femme de Guillaume de Saunhac et fille de Bertholin Nattes, du Bourg de Rodez. (Adhémar Catelly Not.)

Autre quittance de 1320 pour la même constitution dotale et autre quittance de 1321, toujours pour la dot de Finette de Nattes. (Catel, Not. à Rodez.)

59º En 1323, Troisième Testament de Bertrande de Calmont veuve de Pierre-Raimond de Saunhac Damoiseau laquelle fait d'immenses legs aux Églises du Rouergue, lègue à Gibeline, fille naturelle de noble Guillaume de Saunhac, fils de la testatrice, lègue 100 s. de rente à celui que choisira Pierre-Raimond de Saunhac, son fils, institue Guillaume de Saunhac, fils aîné. (Arch., Av., Bureau des Finances.)

61º Reconnaissance féodale identique au nº 54, ci-dessus.

64º En 1340, mercredi après l'Octave de saint Blaise, Accord entre Raimond de Saunhac d'une part, Amalric de Saunhac d'autre part et Hugues de la Bouyssonade, dudit village, et Guillaume Couderc dudit village du Couderc, et Hugues Vital et Brenguier de la Bouyssonade, et Pierre de la Valette du lieu de la Valette, et consorts qui soumettent leurs différends à Brenguier d'Auzits et à Brenguier d'Ampiac, à M. Mathol et autres arbitres choisis par un compromis reçu par Pierre Poet Not. de Rodez, l'objet de leur différend n'est pas mentionné. (Cénac Not. prédécesseur de Garrigues Not. à Rodez détenteur de l'acte.)

65º En 1347, le 19 avril, Procuration par noble et vénérable et discret Homme seigneur Raimond de Saunhac, du Bourg à Rodez, Chanoine de la Cathédrale, à Raymond de la Tour, Damoiseau du Château de Salles, pour rendre hommage à noble et puissant seigneur Messire d'Arpajon, à raison du traité arrêté entre ledit seigneur d'Arpajon et ledit seigneur Raymond. (Pierre Tornerri, Not. Rodez).

66º Hommage et Transaction par noble Raimond de Saunhac et noble

Almalric de Saunhac dans lequel il est parlé de Bertrande de Calmont, mère dudit Raymond, aïeule dudit Amalric et décédée. (Jacques de Furno Not. de Calmont Livre des Hommages, XIV, f⁰ 112.)

67⁰ Bail à Fief par lequel en 1347, noble Amalric de Saunhac, baille à fief à Daurdé Roquette du village de la Roquette quelques pièces de terre. (Arch. de la Roquette.)

69⁰ En 1362, noble Amalric de Saunhac, Damoiseau habitant du Bourg à Rodez, et neveu de noble Raymond de Saunhac, Chanoine de Rodez, pour raison d'une maison, tour et autres objets qu'il a dans Rodez. (Arch. Av., Bureau des Finances.)

70⁰ En 1361, le jeudi après Saint-Clair, Lausime par noble Amalric de Saunhac à Raymond Gayffier marchand du Bourg à Rodez, d'un pré sur les bords de l'Aveyron. (Viguerii, not., f⁰ 56 d'un Reg., commençant en 1352.)

70 bis En 1362, on trouve une distribution des biens de Jeanne de Saunhac, fille de Jean, seigneur de Saunhac, commencée à la justice de Rodelle. (Arch., Av., Bureau des Finances.)

71⁰ En 1365, le 29 novembre, Noble Raymond de Saunhac, Chanoine de Rodez fit son testament. Il lègue à Noble Jausionne de Saunhac, épouse de noble Amalric, son neveu, à Jeanne, fille dudit Amalric, laquelle était religieuse, à Millau, à nobles Bertrand et Amalric de Saunhac, fils dudit Amalric, à nobles Hélène et Delphine de Saunhac encore non mariées, institue son neveu Amalric, fonde en l'Église de Saint-Amans, à Rodez, une chapelle de Saint-Thomas et Sainte-Anne, dont son héritier aura le patronage et il dote cette chapellenie d'un pré au terroir de la Roquette, de 8 setiers de froment, de 4 d'avoine, d'une maison à Rodez. (Gaillard Clary, not., à Rodez. Ces minutes ont passé au pouvoir de Mᵉ Molini notaire à Salles-Curan.)

74⁰ En 1372, le 26 mai, Contrat de mariage de noble Guillaume de Saunhac fils de noble et puissant homme Amalric de Saunhac, Chevalier d'une part et noble Marguerite de Chirac, fille de noble et puissant homme Olivier de Chirac, à laquelle furent constituées 1000 l. d'or payées par ledit noble et puissant seigneur Guillaume de la Roque, cher oncle de ladite Marguerite. (Arch., Av. Bureau des Finances.)

85⁰ En 1385, le 6 février, Jean III, Comte d'Armagnac, donna à son cher et fidèle Ecuyer, Guillaume de Saunhac, pour l'illustre souvenir et reconnaissance des services infinis rendus à feu son père tant en argent qu'en la dépense pour faire la guerre avec son dit père ou avec lui pour raison de la terre de Belcastel ou de la portion qui lui appartenait dans ledit lieu, laquelle le père dudit seigneur Comte racheta et retira des mains des ennemis du Roi, ensemble donne ledit Comte une maison et un jardin contigus qui furent jadis de Raymond de Caussade. (Arch., Av., Bureau des Finances.)

89⁰ bis En 1396, le 25 septembre on voit des Lettres de confirmation de ce don. (Arch. de Tarn-et-Garonne A 66.)

101⁰ 1407 le 16 février, à Paris, Lettres du Roi Charles confirmant la nomination faite par Jean duc de Berry, oncle du Roi et son lieutenant

7

général en Languedoc et en Guienne, en faveur de Messire Alzias de
Saunhac, Chevalier, amé et féal, Chambellan du Roi, à la place de Sénéchal de Beaucaire avec les honneurs, prérogatives, gages y attachés, quoiqu'il jouisse en même temps de la place de Capitaine du Château de Penne
en Albigeois. (Original parchemin avec entérinement des Lettres.)

101 *bis* Quittance dotale par noble Gailhard de Brossignac, du Bourg
de Rodez, demeurant à Auzits, mari de Delphine de Saunhac, à Guillaume
de Saunhac, Chevalier, seigneur de Belcastel. (Arch., A., E, 1473.)

104º En 1409, on trouve quinze Parchemins originaux contenant des
reconnaissances féodales des paysans d'Ampiac « certificati ad plenum ut
dixerunt de quibusdam permutationibus factis inter magnificum egregium
ac potentem virum Dominum Hugonem de Arpajone Militem et Dominum Castri Calmontis Plancatgii ex una parte, et Nobilem Virum Alziacum
de Saunhaco Militem Condominum dictiloci de Ampiaco, filium nobilis viri
Guillelmi de Saunhaco Militis. » (Arch. d'Ampiac.)

106 *bis* Quittance de 144 livres, 7 sols, 6 deniers tournis donnée par Frère
Pons de Saunhac, *aliàs* de Belcastel, religieux de Saint-Jean de Jérusalem,
à noble Hélix Guitard coseigneuresse de Peyrelade et de Compeyre, femme
de Azémar de Jouery du Claux, seigneur du Claux. (Arch. Av., E, 270.)

111º En 1419, le 16 février, au Couvent des Frères Mineurs dans la Chambre du Parlement du Comté de Rodez, hommage par noble homme Messire
Alzias de Saunhac, Chevalier seigneur des châteaux de Belcastel et de Padiès.

A Egrège et puissant prince Messire Jean par la grâce de Dieu, Comte
d'Armagnac, Fezensac, Rodez, Pardiac, Vicomte de Lomagne. Auvillars,
Fezengsaguet, Brulhes, Creyssels, Carladez, etc.

Avec Serment de fidélité,
Reconnaît tenir dudit Comte à raison de son Comté de Rodez en fief franc
libre et honorable, la justice haute et autres droits accordés par ledit Seigneur Comte audit Alzias de Saunhac et à noble Béatrix d'Ampiac son
épouse, selon la teneur de certaines Lettres Patentes en parchemin, sous le
scel dudit Comte en cire rouge, dont la teneur est transcrite au long.

Ledit hommage rendu en présence de Révérend Père en Dieu, Vital,
évêque de Rodez, nobles et puissants hommes Messire Aymeric de Castelpers, vicomte de... Bertrand des Préz seigneur de Montpezat en Quercy,
Ratier de Fénayrols, Sénéchal du Comté de Rodez, Vezian de Vezins, chevaliers. (Pierre Malomosta, notaire du seigneur Comte.)

114º En 1439, le 26 juin, procuration faite par noble et puissant homme
Messire Alzias de Saunhac, chevalier, seigneur de Belcastel, Ampiac Padiès, et noble Dame Béatrix d'Ampiac son épouse, à Discret homme
Mᵉ Jean Gelade, prêtre pour rendre l'hommage qu'ils doivent à noble et
puissant homme Messire Jean d'Arpajon et de Calmont pour tous les fiefs qu'ils
possédent dans le mandement de Calmont. (Original Jean Borie, not. de
Rignac.)

L'hommage fut rendu à la suite de la procuration ci-dessus, le 27 juillet.

116º En 1443, le 7 février, à Rodez, délibération générale en la Maison
de ville par laquelle MM. les Consuls exposent à la Communauté qu'ils

demandent à être pourvus de conseillers, de syndic et de Trésorier et que d'autant que M. le Dauphin alors en la ville de Toulouse avait marqué qu'il avait mis à sa main la Gascogne anciennement appartenant au Comte d'Armagnac et qu'il voulait y mettre pareillement la ville de Rodez, auquel effet, il était à la veille de s'y transporter, accompagné de ses troupes, sur quoi ils requièrent les communaux de donner leur avis.

De suite on arrête que des conseillers, syndic et trésorier seront donnés auxdits consuls, qu'il sera vérifié si les cens dus à M. le Dauphin sont payé que les clefs des portes seront remises à MM. les Consuls et que quant à la demande de M. le Dauphin, on s'en remettra au conseil de l'Évêque, qui était M. de la Tour.

Lesdits consuls s'étant rendus chez l'Évêque pour prendre son avis, il leur conseilla d'envoyer Messire Jean de Saunhac, Chevalier et Chancelier, vers mon dit seigneur le Dauphin pour mettre la ville en son pouvoir et lui représenter sa pauvreté.

(Cette délibération doit se trouver aux Archives municipales de Rodez.)

119° En 1445, délibération générale de la Cité et du Bourg dans laquelle noble Jean de Saunhac, seigneur de Belcastel est choisi pour être Bailly d'épée de la Province de Rouergue à l'effet que la noblesse y soit convoquée par lui pour le ban et l'arrière-ban et que toute justice soit rendue en son nom pour le Roi. *(Ibid.)*

120° En 1446, le 12 octobre à l'Isle en Jourdain), déclaration par le Comte d'Armagnac Fezensac, de Rodez et de l'Isle, vicomte de Fenzensaguet, de Brulhois, de Creyssels, seigneur des terres de rivière d'Aure et des montagnes du Rouergue.

En faveur de son amé et féal Chevalier Conseiller, Monseigneur Jean de Saunhac (on a écrit Saonhac), seigneur de Belcastel, où il se déclare satisfait et content de l'emploi fait par ledit Saonhac (sic) de la somme de 9000 écus pour délivrer ledit Comte et ses enfants détenus dans la ville de Carcassonne qu'il avait prise de son amé et féal syndic d'Écurie Poncet de Niaudan, seigneur de Volonzac 5590 écus neufs, de Mgr Mondot de la Tour, Chevalier Maitre d'hôtel de son frère le Comte de la Marche, 410 écus du Trésorier de Carcassonne, 3000 écus.

De laquelle somme il quitte et décharge ledit de Saunhac comme l'ayant donnée au Conseiller de la Marche comme il l'a déclaré en la ville de Castres en présence de son frère le Comte de la Marche.

Plus de la somme de 1590 écus, 13 gros et demi, pour fournir aux habillements de sa fille, la princesse d'Auvergne, sa dépense et celle de ses gens en son voyage d'Auvergne.

(Original parchemin en patois signé de la main du Comte, scellé de son sceau, et plus bas, par Monseigneur le Comte, signé Barrière.)

120 *bis* Participation des Consuls aux funérailles d'Alzias de Saunhac (Arch., Munic, Rodez, Bourg, CC. 121.)

120 *ter* En 144... le 17 novembre, Quittance par noble et puissant homme Jean de Saunhac, chevalier, seigneur de Belcastel Mirabel, Ampiac, Onet lez Rodez, Padiès et de l'église de Blaye diocèse d'Albi, à Hugues Maestri du lieu de Cabragineste paroisse de Tars en Albigeois, de l'arrière acapte à lui due par la mort de noble et puissant homme Messire Alzias de Saunhac,

chevalier son père, pour la quatrième partie de certaines terres bois, prés, situés à Vertuech appartenances du Château-Raynal, appartenant audit Saunhac, lesdites terres relevant de lui par indivis avec nobles hommes, seigneurs Antoine de Bosc, Antoine Rigals, chevaliers et Jean Panciguli sous un cens portable au Château-Raynal. (Guion Laurenci, not.)

121º En 1448, le 17 décembre, Délégation faite par Jean, Comte d'Armagnac de Fezensac, de Rodez et de l'Isles, vicomte de Fezenságuet, de Brulhois, Creyssels, etc., à son amé et féal, Chevalier et Conseiller Messire Jean de Saouigñac, seigneur de Beauchasteau *(sic)* de la somme de 2100 écus d'or que ledit de Saunhac lui avait prêtés ou fournis pour ses affaires, à prendre sur son très cher et honoré seigneur neveu François, Duc de Bretagne reliquataire envers ledit seigneur Comte de 35000 écus d'or que ledit Duc de Bretagne s'était obligé de bailler pour celle de 70000 l. pour reste de 100.000 l. d'or constituées en dot à Blanche de Bretagne, première femme dudit seigneur Comte par le feu Duc de Bretagne, frère de ladite Blanche et père du Duc François.

Suivant le traité passé avec ledit Duc par honoré homme Mᵉ Jean Barthon, conseiller de M. le Roi Chancelier de la Marche, fondé de pouvoir du Comte d'Armagnac.

(Original parchemin signé dudit Comte scellé en queue de son sceau et plus bas par Monsieur le Comte signé Barrière.)

122º En 1450, le 9 janvier, transaction entre noble et puissant homme Messire Jean de Saunhac, Chevalier, seigneur de Belcastel, Padiès, Ampiac, comme mari et maître des cadotaux de Dame Hélène de Castelnau, sa fille de feu seigneur Pons de Castelnau de Brétenoux et de Clermont (Lodève).

Et illustre et magnifique seigneur Antoine de Castelnau, fils dudit Pons où ledit Antoine avait cédé audit Jean, 500 écus payés par le Comte de Rodez à Alzias de Saunhac, père dudit Jean ou à Jean lui-même, promettant de payer le surplus de ladite constitution savoir 400 écus d'or au prochain mariage de Bourguine de Saunhac, fille dudit Jean de Saunhac, avec noble Pierre de Sévérac de Bedène. (Original.)

128 *bis* En 1457 le 23 août, hommage rendu par noble et puissant homme Messire Jean de Saunhac, seigneur de Belcastel, fils et héritier de Messire Alzias de Saunhac et de noble Béatrix d'Ampiac, ses père et mère, à noble puissant et magnifique seigneur Jean d'Arpajon, seigneur des baronnies d'Arpajon et de Monterolundesie, vicomte de Lautrec seigneur de Calmont, etc., etc.

Pour le Mas de la Valette, las Fimals, Lax et autres fiefs dans les paroisses de Lax ou de Luc suivant précédent hommage. (Original, fº 218, Reigstre de Rigalhanes, not., de Calmont.)

131º En 1467, le 19 octobre, Antoine de Saunhac, fit son testament dans lequel il fait plusieurs legs pies, lègue 50 l. à noble dame Hélène de Castelnau, sa mère et 5 l. à chacun de ses exécuteurs testamentaires qui étaient le Recteur de Sainte-Marie-Magdelaine de Mayran et l'Official de Rodez. Il institue héritier son neveu, noble Jean de Saunhac, fils d'Alzias. (Fº 8 du Reg. 23 d'Étienne Besombes, not., à Rodez.)

132º En 1471, le 31 octobre, Arrêt du Grand Conseil qui enjoint à Georges Vigouroux de rendre à Jean de Saunhac, Écuyer, fils aîné d'Alzias de Saunhac et de Cécile de Vergnes, mariés, la terre de la Motte et de Verdun et dépendances engagées audit Vigouroux pour certain argent ou marchandises fournies audit Alzias pour se mettre en campagne pour raison de l'arrière-ban.

Comme étant lesdites terres cédées devant lui vers l'an 1463, par sesdits père et mère qui l'émancipèrent et le pourvurent de tuteur et curateur y ayant 7 ou 8 ans que voulant l'envoyer chez le Roi pour servir dans sa maison, ils en firent prendre possession par Antoine de Saunhac oncle dudit Jean et qui en a joui l'espace de 6 ou 7 ans, jusqu'à ce que ledit Antoine tant à la guerre pour le service du Roi, ledit Alzias engagea ces terres audit Vigouroux, ledit Arrêt faisant mention d'un précédent portant évocation au Conseil de la cause principale, le présent y évoque toute la suite d'icelui. (Original Parchemin signé de par le Roi Bernard.)

133° En 1481, le 1er octobre, et mis en acte public le 22 juillet 1482, au Château de Belcastel, mariage de noble seigneur Jean de Saunhac, seigneur baron de Padiès, Belcastel, etc., etc., etc. fils de noble Alzias de Saunhac d'une part,

Et Illustre Dame Marie d'Astarac, fille légitime de feu Egrège et puissant prince Mgr Jean, Comte d'Astarac et de noble et puissante Dame Jeanne de Caderousse (Canda Roza), (le nom a été quelquefois écrit Coarraze) Comtesse veuve dudit seigneur Comte et d'elle assistée ladite Dame Marie d'Astarac, sœur d'illustre et puissant prince Mgr Jean d'Astarac, Comte actuel d'Astarac décoré des Armes militaires.

Le Comte d'Astarac donnera à sa sœur future épouse 5000 écus comptant, valant 27 s. 6 d. pièce le jour du mariage, plus 200 écus plus ledit Comte vêtira sa sœur d'habillements à lui faire honneur :

2200 écus de ladite dot, seront employés au rachat de la baronnie de Padiès et en cas de restitution ladite Dame jouira de ladite seigneurie jusqu'à ce qu'elle ait été remboursée, si elle convolait en secondes noces elle ne pourrait retirer que la tierce partie.

Témoins : noble Antoine de Saunhac Pierre d'Orbessan, Pierre de Longorsan, Amand de Saint-Guiraud, Pierre de la Calhade, Domenjon de la Cazette, etc.

Témoins aussi, nobles hommes Bernard de l'Isle, chevalier, seigneur de la Motte, honorable Jean de la Motte protonotaire, son frère, Bernard d'Orbessan, Bertrand de Vença, Vezian de Marast, seigneur d'Esclassans, Pierre Mayre, Jean de la Pradelle Damoiseaux.

(Jean de Jeguno, not., collationné en 1602, par Pradines, not., sur l'original en parchemin exhibé et retiré par le Comte de Gourdon.)

133 bis Vers 1482, mariage de noble Louis d'Hérail Écuyer, seigneur de Peyrebesse, fils de Gui d'Hérail, seigneur de Buzareingues et d'Agen et de Louise de Peyrebesse, avec Françoise de Saunhac, fille de Jean de Saunhac, seigneur de Belcastel. (Arch., Av., E, 1136.)

133 ter Testament de noble Jean de Saunhac, Écuyer, seigneur de Verdun qui voulut être enterré dans l'Église de Belcastel avec le concours de 200 prêtres. Il institua pour héritière noble Marie d'Astarac sa femme. Le 9 février 1483. (Arch., Aveyron, Série E, 1090.)

134 bis Guillaume de Saunhac, seigneur de Padiés reçoit d'Hélène de

Castelnau Brétenoux, sa mère, veuve de noble Jean de Saunhac, Chevalier coseigneur d'Ampiac, donation de la pension que noble Jean de Castelnau payait à sa tante mère du Donataire.

Cet acte est de 1485. (Arch., Av., Série E, 1644.)

135e En 1488, le 15 octobre, noble Cécile de Vergnes, veuve de noble Alzias de Saunhac et Jean de Saunhac, Écuyer, seigneur de Belcastel, Verdun, Ampiac font une vente à noble Bernard de Vilard de Verdun. (Galauby, not., fo 39.)

136o En 1489, le 8 juin, mariage de noble et puissant seigneur Jean de Saunhac, seigneur de Belcastel, Ampiac, Verdun, etc.

Et de noble Dame Marguerite de Caussade, fille de noble et puissant seigneur Jean de Caussade, Chevalier, vicomte de Calvignac, baron de Puycornet, Larnagol et de noble et honnête Dame Gabrielle de Peyrefort.

Il lui fut constitué 9.000 l. destinées à racheter la terre de Padiès. Le futur époux dit qu'il n'a point eu d'enfants mâles mais seulement deux filles de feu noble Anne de Toulouse Lautrec, inhabiles à succéder suivant les constitutions dudit mariage.

Si ledit Saunhac vient à mourir laissant des enfants mâles, Marguerite de Caussade choisira la place et baronnie de Padiès avec le baillage de Montairols, au cas qu'il soit recouvré ladite terre de Padiès possédée par le noble Guillaume de Saunhac oncle dudit Jean, sinon elle choisira le château et terre d'Ampiac pour en jouir ainsi que Mme de Castelnau, aieule dudit Jean, etc. Le tout sous-seing privé avec promesse de rédiger en acte public. Témoins entre autres : noble Jean de las Ondes, seigneur de la Coste, et noble homme Pierre de Caussade, protonotaire, frère de la future.

Cet acte a figuré dans le procès des Trois Veuves et a été visé dans l'arrêt du Parlement.

138o En 1490, reconnaissances féodales à noble Jean de Saunhac, seigneur de Belcastel, Limayrac, Verdun, Ampiac, coseigneur du château de Cassagnes Comtaux. (Arch. d'Ampiac.)

138 bis Vente de droits successoraux par Pons de Saunhac, clerc, fils de noble Alzias de Saunhac, seigneur de Belcastel et de noble Cécile de Vergnes, Dame de Castelmary, à noble Hélix Guitard coseigneuresse de Peyrelade, femme de noble Adhémar Joéry, seigneur du Claux, qui lui avait prêté de l'argent en vue de son départ pour Rhodes où il devait être reçu Chevalier de Saint-Jean de Jérusalem, 1494. (Arch., Av., E, 1092.)

Marie de Saunhac, fille de noble Jean de Saunhac, Écuyer seigneur de Belcastel, Verdun, Ampiac et de la Roquette.

Ledit seigneur de Saunhac donne à sa fille Marie et de Dlle Anne de Toulouse-Lautrec, 1500 livres pour tous droits qu'elle peut avoir sur la maison de Ferrals (Toulouse Lautrec) pour le douaire de sa mère, ledit Saunhac s'oblige à habiller sa fille jusqu'à ce qu'elle sera d'âge. Témoins : noble Pierre de Lescure, seigneur d'Auxilh, Hugues de Framond de Salmiech, Pons de Vergnes, prieur de Saint-Geniès, noble Hugues de Canteloup de Clairvaux. (Alriac de Vit, not.)

139o En 1493, le 7 novembre au château de Belcastel, mariage de noble Antoine de Mancip, seigneur de Flars, habitant Cassagnes Comtaux d'une part,

Et noble Marie de Saunhac, fille légitime et assistée de noble Jean de Saunhac, Écuyer, seigneur de Belcastel, Verdun, Ampiac et la Roquette d'autre part. Ledit Saunhac donne à Marie, sa fille et de Damoiselle Anne de Lautrec als Ferrals (Toulouse Lautrec) 1500 l. pour les droits qu'elle peut avoir sur la maison de Ferrals, etc.

Ledit Saunhac s'oblige à habiller sa fille jusqu'à ce qu'elle sera d'âge... Témoins : nobles Pierre de Lescure, seigneur d'Auzits, Hugues de Framond de Salmiech, Pons de Vernhio, prieur de Saint-Geniès, noble Hugues de Cantalupa de Clairvaux. (Alriac de Vit, not., de Rodez, L'original se trouve aux registres de la Cour de Rodez.)

140° Le 13 février 1494, obligation par noble homme Ramond de Caussade, baron de Puycornet, Lunel, Larnagol, Vicomte de Calvinhac, à noble homme Jean de Saunhac, seigneur de Belcastel, Verdun, de la somme de 1400 l. dont celui-ci avait répondu à noble Mathelin Gauthier de Savignac: Témoins : noble Pierre de Morlhon chevalier, seigneur de Sanvensa, N... de Cahuzac, seigneur del Verdier, Olivier de Tayac, du lieu de Souilhac. (Original Sabaterii, not.)

142° En 1509, le 28 mai, mariage de noble homme Jean de Saunhac, fils légitime et assisté de noble et puissant homme Jean de Saunhac, seigneur de Belcastel, Verdun, Ampiac, d'une part,

Et noble Hélène de Rousset, fille de feu noble et puissant homme Jacques de Rousset, seigneur d'Arbieu et de Chavannes et de noble Dame Isabelle de Beaufort. Les articles avaient été réglés par acte du 28 mai par devant Galauby, not., et ils sont transcrits dans le présent acte qui est un Contrat post nuptial. Ce contrat a été produit devant le Parlement lors du procès des Trois Veuves et le Parlement en a fait état.

143° Le 21 avril 1519, testament de noble et puissant homme Jean de Saunhac, seigneur de Belcastel, Verdun, Ampiac, etc. Il veut être enterré en l'église d'Ampiac où sont ses épouses légitimes et plusieurs de ses enfants, il veut 300 prêtres à ses obsèques, il lègue à Bertrand de Saunhac, Chevalier de Malte son fils, à noble Clémens de Saunhac prieur d'Arques, fils aîné du dernier mariage, à noble Antoine de Saunhac, son fils, à noble Guion son fils, à noble Françoie, son fils, à noble Françoise, sa fille, femme de N... de Saint-Géry, à Marie de Saunhac veuve de M. de Mancip de Flars, à noble Jeanne de Saunhac, femme de M. de Larbosc d'Aure. Il n'indique pas le nom de la mère de chacun de ses enfants, sauf pour Jean qui fut héritier et qui était fils de Marguerite de Caussade.

Exécuteurs testamentaires François d'Estaing, évêque de Rodez, noble Raimond de Caussade, seigneur de Puycornet, Vicomte de Calvinhac, noble Clémens de Saunhac, prieur d'Arques, Pierre d'Hébrard, etc. (Valieyre, not.)

144 *bis* Contrat de mariage de Pons de Saunhac seigneur de Talespues, frère de Jean de Saunhac, de Colombiès et de Jean III de Saunhac Belcastel. (Arch., Bonald, n° 961 original parchemin.)

145° En 1537, le 16 février au château d'Archiac, en Angoumois, Mariage de noble Clémens de Saunhac, seigneur de Belcastel, fils de noble et puissant seigneur Jean de Saunhac et de Dlle Hélène de Montbron, fille de noble et puissant seigneur Messire Adrien de Montbron, baron d'Archiac et de Dame Marguerite d'Archiac, Dot 9000 l. fournie à titre de prêt par noble et puissant seigneur Pons d'Estaing seigneur de Saint-Maigrin, Témoins : Guillaume de Laigle, seigneur de la Montagne, nobles Jean de Vallières, seigneur de la Coste, Bernard de Saunhac, etc. (Bouteiller, not., Arch., Bonald, n° 966.)

145 *bis* En 1537, le 20 octobre, mariage de noble Jean de Saunhac de Colombiès dans lequel intervient Jean III de Saunhac Belcastel « frère » dudit Jean de Saunhac de Colombiès, ainsi que Pons de Saunhac, seigneur de Talespues « frère » desdits Jean seigneur de Belcastel et Jean de Saunhac Colombiès. (Arch., Bonald, n° 967 original parchemin).

146° En 1638, le 9 février, à Larnagol en Quercy, mariage de François de Saunhac Belcastel, seigneur du Fossat, originaire du diocèse de Rodez, avec D^lle Jeanne de Peyrolles, fille de noble Antoine de Peyrolles, seigneur de Peyrolles.

Dot : 1400 l. Témoins : Messire Jean de Calciala (Caussade) Protonotaire apostolique, Comte de Calvignac, Baron de Puycornet, seigneur de Larnagol. (Original parchemin Taurini, not., aux arch. du Fossat.)

147° En 1538, le 9 février, Jeanne de Peyrolles, future épouse de François de Saunhac, renonce en faveur d'Antoine de Peyrolles son frère et de noble François de Caussade, son frère, à tous ses droits. (Vital Taurini, not., aux Arch., du Fossat.)

148° En 1539, le 21 mai au lieu de Mézerac, paroisse de Gaillac en Rouergue, Testament de noble Françoise de Saunhac, veuve de noble Aldebert de Mandagot, seigneur de Roquetaillade. Elle lègue à noble Marie de Mandagot sa fille mariée à noble Simon de Lescure, mentionne noble Jean de Saunhac, seigneur de Belcastel, son frère, lègue aussi à noble Marie de Massip sa nièce, femme de noble Jean de Cassagnes, seigneur du Cayla, près de Moyrazès, à noble Françoise de Massip, sa nièce, femme de noble Jean de Glandières, seigneur de la Boissonnade, nomme pour exécuteurs Jean de Saunhac et Bertrand de Saunhac, commandeur de Malte.

Son héritière est noble Marie de Saunhac, sa sœur, mariée à M. de Mancip. (George de Podio, not., de Sévérac.)

151° En 1542, le 26 juillet, Testament de Messire Jean de Caussade, protonotaire apostolique, seigneur usufruitier de Puycornet qui institue son neveu François de Saunhac, fils de sa sœur. (Arch. du Fossat.)

152° En 1542, le 26 juillet, Transaction entre Messire François de Caussade, baron de... héritier de son oncle Raymond d'une part et Jean de Caussade, protonotaire, frère dudit Raymond et noble François de Saunac (sic) seigneur du Fossat donataire dudit Jean. (Original Galabert et Gargues, not.)

155° En 1548, le 15 septembre au Château de Sanvensa, en Rouergue, testament de noble Jean de Saunhac, seigneur de Belcastel, etc. qui veut être enseveli au tombeau de ses ancêtres, veut 300 prêtres, nomme Raymond de Saunhac, son fils, Marie de Saunhac, sa fille, femme de noble Jean de Morlhon, seigneur de Sanvensa, Georges de Saunhac, son fils, Antoine et Guion de Saunhac, ses fils, institue Clémens de Saunhac, dit de Beaufort son fils. (Guillaume Pomarède, not., Ce testament a été visé par le Parlement lors du procès des Trois Veuves.)

156° En 1650, le 14 juillet, cession à noble Clémens de Saunhac, seigneur de Belcastel par noble Guion son frère, fils de feu noble Jean de Saunhac et de Norette de Carbon, lequel voulait entrer en religion et se disposait à partir pour Malte.

Sont présents noble Guion de Saunhac, son oncle paternel, Georges et Antoine de Saunhac, ses frères.

Ledit Guion, futur Chevalier de Malte était majeur de 18 ans et mineur de 25. (Original de Rupe not.)

157° En 1550, le 24 septembre, noble Guion de Saunhac Écuyer, seigneur de Belfort donne à Clémens de Saunhac son frère tous les droits qui peuvent lui appartenir sur la maison de Belcastel pour sa légitime et droit à lui cédés par feu noble Clémens de Saunhac, prieur de Miral son frère. Il mentionne feu son père Jean de Saunhac, Écuyer et le testament de celui-ci reçu par Étienne Valieyre notaire de Rodez.

159° 1552, le 7 mars, noble et puissant seigneur Clémens de Saunhac, Écuyer, seigneur de Belcastel, Ampiac, Verdun, Flanhac, Servières, Rodelle partant pour la guerre testa : il lègue à Georges de Saunhac, son frère, Antoine son frère, Guion son frère, Marie femme du seigneur de Sanvensa (Morlhon), sa sœur, institue noble Hélène de Montbron, sa femme et si elle meurt *ab intestat*, il veut que ses biens aillent à noble François de Saunhac du Fossat, son oncle paternel.

Il veut que les places de Flagnac, Servières et Rodelle, reviennent au seigneur de Saint-André et aux germains du testateur, et à ses enfants, à leur défaut au seigneur de Saint-Maigrin et à défaut d'icelui au plus proche de la race dudit testateur.

Ce testament a été visé par le Parlement.

Le 12 novembre 1558 il fit un codicille où il dit que sa femme pourra disposer de tous ses biens comme elle l'entendra, mais que si elle n'en dispose pas il veut que ses biens aillent audit seigneur de Saint-André son cousin ou à défaut au seigneur de Marchenu son cousin. Ce codicille a été visé au Parlement.

160° En 1554, le 30 mars, à Blauzac, en Rouergue, testament de noble Georges de Saunhac, fils de feu Jean, baron de Belcastel, partant pour la Picardie pour le service du Roi avec le baron de Sanvensa, son beau-frère, institue noble Marie de Saunhac, femme dudit seigneur de Morlhon, (Original Vigouroux, not.)

163° En 1557, le 21 juin, testament de François de Saunhac, seigneur du Fossat, Breganty, Crégols, Trégols lequel rappelle Pierre, Bertrand, Jean, Louise religieuse, Hélène, Jeanne, autre Jeanne, ses enfants, D^lle Jeanne de Peyrolles, sa femme, et institue autre Jean de Saunhac, son fils aîné. (Original Siscam, not., Arch. du Fossat.)

164° Codicille de Clémens de Saunhac, voir plus haut son testament 8°, 158.

165° En 1560, le 10 décembre à Orléans, permission à Clémens de Saunhac de porter des armes défensives et offensives, etc. Le texte en a été inséré dans son article.

168° En 1560, le 21 avril, mariage de noble Arnaud du Foyssat, seigneur de Foyssat de Lestelle, etc., avec noble D^lle Hélène de Saunhac, fille de noble François de Saunhac, seigneur du Fossat. (Original Siscam, not.)

169º En 1561, le 3 mai, D^{lle} Jeanne de Peyrolles, veuve de noble François de Saunhac, seigneur du Fossat, fit son testament. Elle veut être enterrée au tombeau de son mari. Elle institue Pierre de Saunhac, son fils. (Arnaul Argenton, not. Cette pièce a été visée dans le jugement de Maintenue en Noblesse.)

170º En 1562, le 5 novembre, certificat donné par noble Clémens de Saunhac, Écuyer, seigneur de Belcastel, Verdun, Ampiac, Flagnac, Pomiès, Capitaine de l'enseigne de l'arrière-ban du Rouergue, que noble Jean de Cassagnes, écuyer, seigneur du Cayla a paru à la montre tant à Rieupeyrou qu'à Villefranche et qu'il a servi audit arrière-ban et que le fils de M. du Cayla avait eu charge de lieutenant de 100 arquebusiers dudit de Belcastel et qu'il avait fourni audit arrière-ban un gentilhomme capable. (Original signé : Saunhac. Arch., de la Maison de Cassagnes, Beaufort, Miramon.)

172º Le 10 janvier 1564, le Parlement de Toulouse rendit son Arrêt dans le procès des Trois Veuves.

La Cour déclare entre autres choses avoir vu et fait état des pièces suivantes :

1º Testament de Clémens de Saunhac du 7 avril 1552;

2º Codicille du même en date du 12 novembre 1558;

3º Contrat de mariage de Jean III de Saunhac second fils d'autre Jean, avec Hélène de Rosset du 18 juin 1509.

4º Mariage dudit Clémens de Saunhac avec Hélène de Montbron du 16 février 1537.

5º Testament de Jean III de Saunhac, le 15 septembre 1548;

6º Son codicille du lendemain;

7º Contrat du mariage de Jean II de Saunhac et de Marie d'Astarac du 1er octobre 1481, mis en Acte public de 22 juillet 1482;

8º Cession par Bretrand de Saunhac, fils du susdit Jean II et de Marie d'Astarac du vouloir et consentement dudit Jean II au profit dudit Jean III, du 28 mai 1507. (Cette pièce a été égarée.)

9º Quittance de la pension par ledit Bertrand le 11 mai 1528;

10º Autres pactes de mariage dudit Jean II de Saunhac, avec Marguerite de Caussade, du 8 juin 1489.

11º Testament de feu Jacques de Beaufort, du 9 décembre 1492;

12º Son codicille du 15 du même mois;

13º Testament de feu Isabeau de Beaufort du 25 février 1520.

La Cour maintient ladite de Montbron en possession du tiers des biens de la Maison de Belcastel et ce, pour les légitimes de Clément, Raimond Guion et Marie de Saunhac enfants dudit Jean III et de tous les biens acquis par ledit Clémens.

Et a aussi maintenu et maintient ledit de Morlhon et ladite de Saunhac mariés, en possession des biens acquis par ledit Jean III de Saunhac et ce outre le sixième des biens de la Maison de Belcastel adjugés par Arrêt de Parlement du 17 juin 1561, sans y comprendre les biens tenus par ladite de Saunhac (Morlhon), jusqu'à ce qu'elle soit satisfaite de la dot à elle constituée et sans distraire desdits bien acquis par Jean II de Saunhac, la quarte trébelliaque en laquelle la Cour maintient ladite de Montbron, comme héritière dudit Clémens de Saunhac, héritier grevé dudit Jean III.

Pareillement, maintient ladite de Peyrolles, au nom que procède, en possession du restant des biens et patrimoine ancien de ladite Maison de Belcastel, à charge par ledit Pierre de Saunhac, son fils, ses hoirs et ses successeurs de porter le nom et les armes de la Maison de Belcastel.

Et, en outre, a maintenu et maintient ladite de Mancip de Beaufort en la saisine et possession des biens de la maison de Beaufort qui ont appartenu audit Jacques de Beaufort et Isabeau de Beaufort à charge par elle et ses successeurs de porter le nom et les armes de Beaufort.

Sauf à icelle de Montbron sur iceux biens et légitimes que compettait à Hélène de Rosset, fille de ladite Isabeau et mère dudit Clémens, si mieux n'aime, ladite de Montbron prendre la somme de 3000 l. constituée en dot à ladite de Rosset par ladite Isabeau, ensemble, la somme de 1000 écus légués par ladite Isabeau à ladite de Rosset, sauf les droits si aucuns il y a, en laquelle légitime au refus de prendre les susdites sommes ensemble en la Trébellianique, telle que le droit, due audit Clémens défunt sur lesdits biens (Original parchemin et aux Arch. du Parlement.)

Le nom de Belcastel fut transmis à Pierre de Saunhac lequel l'a constamment porté, mais son fils aîné et les descendants de celui-ci furent connus sous le nom du Fossat, tandis que ses fils cadets, Bertrand et Gui Guion, auteurs des branches de la Mothe et de la Clausade, prirent le nom de Belcastel. La branche d'Ampiac ne porta jamais ce nom. Seul, Mgr de Saunhac, issu d'un rameau détaché de la branche d'Ampiac ajouta à son nom celui de Belcastel auquel il n'avait aucun droit.

Le nom de Beaufort fut par ce même Arrêt, donné aux Cassagnes qui devinrent Cassagnes Beaufort en attendant de devenir Cassagnes Beaufort Miramon. C'est sous le nom de Miramon qu'ils sont actuellement connus.

On peut aussi consulter un Arrêt du 2 mai 1565 relatif à une réclamation d'Hélène de Montbron.

174º En 1570, le 9 février, contrat de mariage de noble Pierre de Saunhac, baron de Belcastel, assisté de noble Jeanne de Peyrolles, sa mère, laquelle confirme la nomination faite en faveur dudit Pierre par le testament de noble François de Saunhac, son mari, avec noble D^{lle} Marquèse de Gironde, fille de noble Messire Brandelis de Gironde, seigneur de Montclera, Chevalier de l'Ordre du Roi. (Vernhes, not., de Cazals. Cet acte est visé dans le jugement de Maintenue.)

176º 1571, le 11 octobre à Rodez, mariage de noble Bertrand de Saunhac fils de feu François de Saunhac, seigneur du Fossat et de D^{lle} Jeanne de Peyrolles avec D^{lle} Germaine de Sainte Colombe, fille de feu Jacques de Sainte-Colombe, seigneur baron d'Enguoravagnes, en Berry et nièce d'Hélène de Montbron. Pierre de Saunhac Belcastel, frère du marié donne à celui-ci 4000 l. pour racheter le Bouyssou d'Antoine de Cat, seigneur de Trémouilles ainsi que la rente de Las, vendue aux Chartreux.

Dans cet acte est ratifiée la vente de Limayrac faite par noble feu Clémens de Saunhac, Baron de Belcastel à noble Bertrand de Saunhac, de Limayrac père de Jean de Saunhac Limayrac de la Poujade. (Moysset, not., à Rodez.)

177 *bis* Guion de Saunhac, Chevalier de Malte était commandeur de Bordères et de Saint-André comme il conste d'une procuration qu'il donna

à son beau-frère Jean de Morlhon Sanvensa et dont celui-ci fit usage le 12 juin 1575. (Arch. Bonald, nº 1008.)

178º En 1550, le 8 septembre, testament de noble Bertrand de Saunhac d'Ampiac qui lègue à Raymond, Arnaud, et Guion ses enfants, 3000 livres à eux léguées par feu noble Germaine de Sainte-Colombe, leur mère et à Anne et Marie de Saunhac, 3000 l. à chacune y compris le legs de leur mère. Veut qu'Hélène de Montbron demeure maîtresse de son bien en son vivant, institue Raymond, et lui substitue Arnaud et à défaut Guion, et ses filles. Et si ses enfants mouraient sans postérité, leur substitue Jean de Saunhac, qui sera tenu de rendre 4000 l. à Raymond son neveu fils de feu Pierre, seigneur du Fossat.

(Il semblerait que Jean le substitué, oncle de Raymond, devait être un fils de François du Fossat, sans doute Jean, mari de Catherine de Reilhac, (Huc Thoméry, not., de Malaval.)

180º En 1585, le 24 juillet, au château de la Duguie-Basse, paroisse de Saint-Vit d'Adorn, en Agenois, testament de Bertrand de Saunhac, seigneur d'Ampiac, Chevalier, grièvement blessé, veut être enterré en l'Église de Soturac, lègue à Arnaud et Guion ses enfants, à Marie, sa fille, institue Raymond de Saunhac, son fils aîné et lui substitue ses autres fils et sa fille.

Nomme Marguerite de Martres, sa seconde femme dont il n'eut pas d'enfants. (L'original papier Deslandes, not., fut donné à David de Saunhac, petit-fils du testateur.)

181º En 1591, le 11 mai, à Beaumont, Commission par Emmanuel de Savoye, marquis de Villars, Lieutenant général en Guienne, donnée à Bertrand d'Ampiac, de Mestre de camp d'un régiment de 6 enseignes de 100 hommes de pied... « afin de conserver le gouvernement en la sainte union des Catholiques. » (Original signé : Savoie.)

182º En 1592, le 16 juin, Lettres Patentes d'Henri IV, roi de France, donnant le commandement du Rouergue, au seigneur d'Ampiac. Signé : Henri.

182 bis En 1692, le 15 novembre, au château de Lauzun, mariage de haut et puissant seigneur Messire Raymond de Saunhac de Belcastel, Chevalier, baron de Verdun en Rouergue, du Fossat la Croze, Bréganty Trégols, Crégols en Quercy, fils de feu haut et puissant seigneur Messire Pierre de Saunhac, Chevalier, baron desdits lieux et de Dame Marquèse de Gironde qui envoya sa procuration avec D^{lle} Françoise de Fumel, fille légitime de haut et puissant seigneur Messire François de Fumel et de Dame Jeanne de Caumont assistée, etc. etc. (Original papier, de Costa, not., visé dans le jugement de Maintenue.)

183º En 1593, le 6 septembre, Lettres d'Attache du Maréchal de Matignon des Lettres Patentes mu nº 182. (Original.)

185º Acte vidimé, en 1637, par Poderoux, not. Arch. du Fossat.

186º En 1594, le 5 octobre, à Cahors, inventaire fait au château de Sieurac des meubles délaissés par noble Jean de Saunhac, seigneur de Sieurac au requis de noble Raymond de Saunhac, seigneur d'Ampiac, avec l'assistance de Catherine de Reilhac, veuve dudit Jean-Raymond de Saunhac, d'Ampiac exhibe le testament de son oncle Jean, seigneur de Sieurac. (Arnaud Moulin, not., des Junies.)

192º En 1600 le 1er juillet, baptême d'Hercule de Saunhac. Parrain Guion de Saunhac, marraine Françoise d'Agens de Loupiac. (Reg. de la paroisse d'Ampiac.)

193º En 1603, le 26 février, compromis entre noble Dame Anne d'Agens de Loupiac, veuve de Clémens de Cassagnes et noble Jean de Boussac, de Pampelonne, procédant comme héritier, testamentaire de noble Jean de Saunhac, seigneur del Bosc, près de la Poujade et Limayrac, ladite métairie fût vendue à Jean de Boussac, pour 2580 l. (Beri, not.)

On voit une Enquête sur la mort de Jean de Saunhac, décédé au Bosc, (Arch., Aveyron, E., 178) Il testa le 26 septembre 1571. Il y a tout lieu de croire que ce Jean était le même que Jean de Saunhac, seigneur de la Poujade. On a vu que le Bosc était voisin de la Poujade.

200º En 1606, le 13 octobre, à Paris, Arrêt du Grand Conseil pour Guion de Saunhac, seigneur de Rodelle, Écuyer de la Reine Marguerite. (Signé Dulys greffier.)

201º 1606, le 18 juin à Villelongue, donation par Anne d'Agens à noble Hercule de Saunhac, de tous ses biens. (Original Molinier, not.)

204º 1607, le 11 mai, décès de Dame Delphine de Raffin, femme de noble Raymond de Saunhac, seigneur d'Ampiac. (Rég., de la paroisse.)

206º En février 1607, à Paris, Lettres d'État par Henri IV, d'où il appert que Raymond de Saunhac du Fossat avait assisté en juin 1605, à une assemblée tenue aux Mazades en Périgord où il fut décidé de tenir le parti du Duc de Bouillon. Mais à la fin de ladite année 1605, Saunhac du Fossat et Saunhac de Bréganty allèrent trouver le Roi qui leur fit grâce. (Origin. au Fossat.)

208º En 1607, le 22 octobre, à Cahors, Raymond de Saunhac, gentilhomme de la Chambre et seigneur du Fossat et de Verdun, etc., rendit hommage au nom de sa tante Hélène de Saunhac, Dame de Gaudusson, héritière de feu noble Arnaud de Foyssat. (Maunac, greffier, Arch., du Fossat.)

210º En 1607, le 2 décembre, transaction entre Raymond de Saunhac, gentilhomme de sa Chambre, et noble Guion, son frère, touchant la succession de Pierre de Saunhac, leur père et de Jean de Saunhac, leur frère. (Trébié, not., au Fossat.)

215º En 1610, le 3 mars à Paris, provisions par le Roi Henri IV, à Guion de Saunhac, seigneur de Rodelle de lever une Compagnie de Carabins, dont il est fait Capitaine. (Original, signé Henri.)

216º En 1610, le 17 mars, permission du Vicomte de Canillac, gouverneur d'Auvergne, donnée à Guion de Saunhac de Rodelle de passer avec ses troupes en Auvergne et de s'y ravitailler. (Original, signé : Beaufort Canillac.)

217º En 1610, le 27 juin, à Paris, Certificat de Louis XIII, comme quoi, la Reine régente étant présente, ledit Guion de Saunhac, seigneur de Rodelle est nommé gentilhomme de la Chambre du Roi. (Original, signé Louis et la Reine Mère. A Ampiac.)

218º En 1610, le 27 juin, à Paris, Certificat de Louis XIII, comme quoi Guion de Saunhac de Rodelle, commandant une Compagnie de Carabins, se trouve actuellement à Clèves. (Original, signé Louis. A Ampiac.)

225° En 1612, le 3 mai à Fontainebleau, instruction de la part du Roi et de la Reine Mère, au seigneur d'Ampiac, envoyé en Rouergue, où sont tracées sa marche et la conduite qu'il doit tenir, etc. (Original signé : Phélipeaux, à Ampiac.)

228° En 1612, le 2 novembre, procès-verbal par Jean du Rieu, président au Présidial, relatif à la prise du baron de Saulson et du sieur de Sercin, arrêtés par mandement du Roi, par le sieur de Rodelle. Interrogatoire des prisonniers. Cela concerne les affaires de MM. de Rohan et de Bouillon et l'Assemblée des Églises de Saintonge dont Saulson était député à celle de Privas.

229° En 1612, le 25 novembre, à Paris, Brevet du Roi en faveur de Guion de Saunhac de Rodelle, gentilhomme de la Chambre, pour approuver sa conduite dans l'affaire du baron de Saulson et du sieur de Sercin. (Original signé : Louis.)

230° En 1612, le 23 décembre, à Paris, Lettres Patentes du Roi à Guion de Saunhac de Rodelle, gentilhomme de la Chambre, relatives à la même affaire. (Original, signé : Louis.)

231° En 1613, le 17 janvier, requête au Prince de Condé par ledit Guion pour obtenir le rétablissement du service du guet par les habitants de Najac.
A la suite de cette requête, fut rendue une ordonnance conforme. (Signé : Henri de Bourbon.)

232° En 1613, le 4 août à Rodez, transaction entre Guion de Saunhac de Rodelle et les Consuls au sujet des sommes dues par les Consuls à l'abbé de Bonnecombe, dont Guion était l'ayant-droit, pour une assez forte somme. (Original Antoine Pomarède, not.)

233° Le 17 mars à Paris, Brevet du Roi en faveur du sieur de Rodelle, Guion de Saunhac ; le Roi, de l'avis de la Reine Mère, lui augmente sa pension et la porte de 1200 à 2000 liv. par an, en considération de ses services tant au feu Roi qu'à lui-même.

237° En 1616, mariage de noble François de Montazet, seigneur de la Roque, fils de feu noble Pierre et d'Isabeau d'Adhémar, avec Hélène de Saunhac, fille de Raymond de Saunhac et de feu D^{lle} de Raffin. (Bernard, not., et Pierre de Lés, not.)

238° 1616, le 10 décembre, Lettre du Commandant de Notre-Dame de la Garde, etc., à Guion de Saunhac, pour le prier d'obtenir qu'on lui envoie de quoi payer et nourrir ses hommes. (A Ampiac.)

240° En 1616, le 16 août Testament de noble Louis de Raffin de Flavin, seigneur de Villelongue, qui lègue à Hercule de Saunhac, et à François et à Hélène de Saunhac, ses petits enfants, et institue D^{lle} Françoise d'Agens de Loupiac, sa femme. (Traynié, not.)

245° En 1618, le 29 janvier à Lyon, procuration par Frère Guion de Saunhac, seigneur de Rodelle, de l'Oratoire, à noble Bernardin de Bessuéjouls de Roquelaure pour recueillir et poursuivre ce qui appartenait à l'abbé de Bonnecombe. (Guillaume Hubert, not., à Lyon.)

246 *bis* En 1618, le 28 décembre Lettres de Louis XIII en faveur de Raymond de Saunhac (on a écrit Sonihac d'Ampiac, nommé Capitaine des

châteaux de Sauveterre, Compeyre et Roquecesière, à la place de Guion de Sonihac, seigneur de Rodelle, son frère. (Original par chemin.)

248º En 1620, le 16 juillet, à Clermont, Guion de Saunhac de Rodelle, de l'Oratoire, cède au R. P. de Crafford supérieur, 6000 l. à lui (Guion) dues par Bernardin de Bessuéjouls de Roquelaure. (Original, papier, Moron, not.)

249º En 1621, le 29 décembre, au château de Sieurac en Périgord, contrat de mariage de Messire Hector de Saunhac Belcastel, seigneur du Fossat et de la Croze en Quercy, fils de feu Messire Raymond de Saunhac Belcastel et de Dame Françoise de Fumel, d'une part.

Et de Dlle Catherine du Lyon, fille de Messire Pons du Lyon Baron de Belcastel et de Dame Marie de Syreuilh, Dame de Sieurac. (Original parchemin Gaubert not., insinué au Sénéchal de Cahors.)

250º En 1622, le 13 août, testament de Dame Marquèse de Gironde, veuve de Messire Pierre de Saunhac. (Original Vilatte, not.)

250 bis En 1622, le 17 janvier à Montricoux, Lettre de Charles de Valois à Raymond de Saunhac d'Ampiac, pour lui annoncer qu'il est commandé pour escorter à Penne et à Puylaroque la voiture qu'il a escortée à Castelnau de Montmirail. (Original signé : Charles de Valois.)

251º En 1622, le 10 juin, au château de Villelongue, démission de Daniel Iche, Capitaine du château d'Ayssènes en faveur de François de Saunhac, seigneur d'Ampiac, fils de Raymond. (Original Garrigues, not., de Moyrazès.)

252º En 1623, le 23 avril, à Bournazel, mariage du noble Hercule de Saunhac, seigneur de Rodelle, fils de noble Raimond de Saunhac, seigneur d'Ampiac, gentilhomme ordinaire de la Chambre et de feu Dlle Delphine de Raffin.

Avec Dlle Françoise de Buisson de Bournazel, fille de Messire François de Buisson, chevalier, baron de Bournazel, Mirabel, Roussennac, Auzits, etc., et de Dame Florette de Morlhon de Sanvensa. (Baduel, not.)

253º Naissance de Françoise de Saunhac, fille d'Hector et de Catherine du Lyon Marraine Françoise de Fumel, aieule. (Registre écrit de la main d'Hector au Fossat.)

254º En 1624, le 26 octobre, à Clermont, rétrocession par Guion de Saunhac de Rodelle, Oratorien, de certaines sommes à son frère noble Raymond de Saunhac, seigneur d'Ampiac. (Moron, not.)

254 bis En 1624, le 31 janvier, à Paris, donation par Guion de Saunhac, Oratorien, à Hercule son neveu, en faveur de son mariage avec Dlle de Buisson. (Original légalisé Monrousset et Saint-Waast not., au Châtelet, insinué le 24 mai 1624, à Rodez.)

255º En 1625, le 4 avril, naissance de Charles de Saunhac, fils d'Hector. (Registre des enfants d'Hector, au Fossat.)

256º En 1625, le 9 avril, accord entre Raymond de Saunhac et Guion de Saunhac de Rodelle, son frère au sujet de certaines dettes que Raymond devait payer. (Original Hugues Brassac, not., Arch. du Fossat.)

257º Le 20 mai 1626, naissance de N... fille d'Hector. (Registre des naissances des enfants d'Hector, au Fossat.)

261º En 1629, le 15 juin, naissance de Gabrielle, fille d'Hector de Saunhac. *(Ibid.)*

264º En 1629, le 21 mars, vente par Messire de Tholet (Solages) à Hercule de Saunhac Villelongue de tous les droits qu'il pouvait avoir comme baron de Castelnau. Tholet devait à Raymond de Saunhac les dépenses qu'il avait faites pour tirer de prison le père dudit Tholet. Celui-ci avait été emprisonné à Riom bien qu'il fut Sénéchal du Rouergue. Il s'agit de François II de Solages. (Original François Annon, not., du Monastère sous Rodez.)

265º En 1629, le 14 décembre, transaction entre noble Raymond de Saunhac d'Ampiac, gentilhomme de la Chambre et Hercule, son fils, et le premier reconnaît certaines sommes. (Teulier, not., Rodez.)

268º En 1632, le 5 septembre, naissance de Raymond de Saunhac, fils d'Hector. Marraine, Mᴵˡᵉ d'Orgueil. (Reg. des naiss, ut supra)

269 *bis* En 1711 le 10 septembre, à Mauroux en Quercy, transaction entre noble Jean de Sauniac, seigneur du Fossat et noble Raymond de Sauniac, seigneur de Pilles, habitant son château d'Hauteborne d'autre part, noble Jean de Sauniac, seigneur de Gramond et noble Galiot de Sauniac, seigneur de Gayrac, desquels transigeant sur la substitution apposée dans le testament de noble Hector de Saunhac, seigneur du Fossat, leur aïeul du 12 octobre 1635 et des biens de noble Charles de Sauniac, seigneur du Fossat leur père, conviennent...

Dans cet acte est nommée Dame Jeanne de Montégut, mère des parties et Marie de Jayan, femme de Charles. (Tribié, not., Arch. du Fossat.)

270º En 1633, le 13 juillet, à Ampiac, transaction entre noble Raimond de Saunhac et Hercule, son fils, et le premier reconnaît certaines sommes reçues pour la dot de Françoise de Buisson, femme d'Hercule. (Teulier, not. Rodez.)

271º En 1634, le 3 décembre, naissance de Jean de Saunhac, fils d'Hector de Saunhac. (Reg. des naissances, *ut su pra.*)

272º En 1635, le 8 juillet, à Fontainebleau, commission pour Hector de Saunhac, dit le capitaine du Fossat, pour lever une Compagnie dans le Régiment de Fumel. (Original signé : Louis.)

273º En 1635, le 12 octobre, au Fossat, testament d'Hector de Saunhac Belcastel, baron du Fossat, Verdun, etc. Il lègue à Catherine du Lyon, à Raymond, Jean, Françoise, ses enfants et institue Charles. (Desclaux, not., de Duravel, Arch. du Fossat.)

273 *bis* En 1635, le 21 janvier au château des Angles, mariage de Dᴵˡᵉ Françoise de Saunhac, fille de Raimond, seigneur d'Ampiac et de Roquette de Corneillan avec noble Jacques d'Alary du Rouyre, seigneur de Tanus, fils de Philippe d'Alary et de Françoise du Bosc. (Baulès, not.)

274º En 1636, le 26 février, à Châlons, certificat par Louis de Bourbon, Comte de Soissons, comme quoi Hector de Saunhac, Premier Capitaine au Régiment de Fumel servait auprès du Prince. (Original, signé : Bourbon, Arch. du Fossat.)

275º En 1638, le 5 août, au camp de Fontarabie, ordonnance du Prince de Condé, notifiée à Hercule de Villelongue. (Original signé : Tayrac.)

275 *bis* Le 2 juin 1638, Lettre de M. de Schomberg, à Raimond de Saunhac d'Ampiac, au sujet des préparatifs des Espagnols. (Original, signé : Schomberg.)

275 *ter* 1638, 8 novembre, mariage de noble François d'Hébrard, seigneur de Saint-Félix, fils d'Hercule d'Hébrard et de Françoise de Prunet, avec D^lle Françoise de Saunhac, veuve de Jacques d'Alary et fille de Raymond de Saunhac et de Roquette de Corneillan. (Vairhal, not.).

277º En 1639, le 5 octobre, itinéraire de la Noblesse du Rouergue, allant à Narbonne (Original papier.)

278º 1641, le 4 novembre, requête au Prince de Condé, par Raymond de Saunhac, relative au paiement de ses troupes. (Original suivi de l'appointement signé Henry de Bourbon.)

279º Ondoiement de Jean de Saunhac, fils d'Hercule, le 20 janvier 1641 (Reg. paroissiaux de Bournazel.)

280º En 1642, le 18 décembre, aux Angles, décès de Raymond de Saunhac d'Ampiac enseveli le 20 décembre, devant le Maître autel, à Ampiac. (Registres paroissiaux.)

283º En 1647, le 20 mai, transaction entre Catherine du Lion, veuve d'Hector de Saunhac et remariée à Donat de Viel Castel d'une part et Charles de Saunhac du Fossat d'autre part. (Original au Fossat.)

283 *bis* En 1648, le 26 janvier à Villelongue, testament d'Hercule de Saunhac, mari de Françoise de Bournazel. (Original Molinier, not.)

285º En 1650 le 27 février, au château de Gaudusson, mariage de Charles de Saunhac (on a écrit Savignac) Belcastel avec D^lle Jeanne de Montégut.

287º En 1652, le 25 septembre, à Lédergues, mariage de François de Saunhac de Castan, fils d'Hercule, avec Anne de Bourzès de la Rouvière. (Origin. Ant., Delpaux et Bernard Massot, not.)

288º En 1653, le 28 août, à la Mothe près de Fumel, mariage d'Antoine de Goudal, fils de Jean, avec Henrye de Saunhac, fille de feu Raymond de Saunhac. (Doumergue, not.)

288 *bis* En 1653, le 1er mai, à Ampiac, testament de Françoise de Buisson Bournazel, épouse d'Hercule de Saunhac. Nomme ses enfants : François de Castan, François dit le Chevalier, François, seigneur de Fabrègues, Jean, seigneur de Cabanès, D^lles Jeanne, Françoise, Catherine et N... non baptisée, institue Guion fils aîné. (Original Jean de la Lande, not.)

290º En 1654, le 2 août, mariage de Guion de Saunhac, fils d'Hercule avec D^lle Isabeau de Gozon. (Original Flottes, not.)

291º Proclamation des bans dudit mariage (Reg. d'Ampiac.)

293º En 1654, le 26 septembre, requête de Guion de Saunhac, fils d'Hercule, donataire de son père. (Requête appointée.)

294 *bis* En 1655, le 5 février, requête au Sénéchal de Rouergue par Messire Guion de Saunhac, baron de Villelongue contre Messire Hercule de Saunhac d'Ampiac, son père pour le partage des biens que son dit père lui a donnés et le maintien et conservation des droits qu'il a sur le restant des biens de son dit père en vertu des dispositions de ses aïeuls et bisaïeuls, sans

quoi il ne peut soutenir les charges du mariage qu'il a contracté et demande que la dot de sa femme soit assurée et reconnue.

Ladite requête appointée.

295° Le 14 mars 1655, à Millau, testament de François de Saunhac, seigneur de Toisac, fils d'Hercule. (Desmaes, not., Arch. Bonald, 1088.)

297° En 1658, le 6 décembre à Sauveterre, accord entre Hercule de Saunhac d'Ampiac et Guion de Saunhac Villelongue son fils. (Maliani, not.)

301° En 1658, le 10 août, constitution de dot par Guion de Saunhac d'Ampiac, fils d'Hercule, à sa sœur religieuse. (Astorg Snulier, not.)

304° En 1660, le 4 septembre, transaction entre Hercule de Saunhac et Guion son fils au sujet de la transaction du 5 décembre 1658 et de la police du 7 mars 1659. (Maliani, not.)

306° En 1661, le 26 novembre, requête au Parlement par Guion de Saunhac Villelongue contre son père. (sans indication.)

309° En 1664, le 26 novembre à Naucelle, promesse par Guion, seigneur d'Ampiac de reprendre chez lui, son fils Jean, seigneur de Cabanès. (Berquet, not.)

316° En 1669, le 1er février, à Paris, Arrêt du Conseil privé en faveur de Guion de Savignac *(sic)* baron de Villelongue contre ses frères Castan et Cabanès.

318° 1er février 1669, arrêt du Conseil du Roi en faveur de Messire Guion de Savignac *(sic)* baron de Villelongue, contre ses frères, les seigneurs de Castan, de Cabanès, etc.

320° En 1669, le 26 février, arrêt du Parlement par défaut, contre Guion au profit de Cabanès. (Arch. du Parl.

322° En 1670, le 25 août, à Toulouse, transaction entre Guion, et Cabanès, son frère prêtre. (Original Lacombe, not.)

323° 1670, 3 novembre, à Clairvaux, vente antichrèse d'Ampiac Castan, Toisac par Guion de Saunhac, fils d'Hercule à Jean de Portal, seigneur de Dols, mari de Jeanne de Saunhac. (Alary, juge.)

324 bis Décès d'Hercule de Saunhac, à l'Isle d'Albi. Enquête sur sa mort (1671).

326° En 1670, le 29 octobre, enquête secrète à la requête de Guion contre François de Saunhac Castan, son frère. (D'Alary, juge.)

326 bis En 1671, le 5 décembre, accord entre Jean de Saunhac Cabanès, D^{lles} Françoise et Marie de Saunhac, Jean de Saunhac de Fabrègues, et Jean de Portal agissant pour sa femme Jeanne de Saunhac, contre Guion. (Original Maritan, not.)

327° En 1672, le 5 janvier, à Sauveterre, inventaire et mise en possession en faveur de Guion de Saunhac Villelongue, contre ses frères Castan et Cabanès. (Rodat, juge royal, Origin.)

329° En 1672, le 19 juillet, arrêt du Parlement accordant provision à Jean de Portal et consorts contre Guion. (Origin., Parch.)

331° En 1673, le 20 juillet, transaction entre Guion de Saunhac, d'une part et Jean de Saunhac Cabanès, prêtre, Françoise et Marie de Saunhac et Jeanne de Saunhac, mariée, à Jean de Portal. (Delpuech, not.)

333° En 1674, le 25 avril, à Soturac, testament de Raymond de Saunhac Belcastel, seigneur de Soturac. (Leygue, not., Arch. Fossat.)

335° En 1675, le 16 novembre, mariage de Louis de Puel des Aumières, fils de Jean-Jacques, seigneur de Pourcarès et D^{lle} Marie de Saunhac, avec D^{lle} Anne de Viguier, fille de noble Guillot de Viguier, seigneur de Crozefon et de Marie de Couderci. (Mazars, not.)

336° En 1675, le 29 janvier, à Bournazel, accord entre Jean de Saunhac, curé de Cabanès et ses sœurs Marie et Françoise d'une part, et Jean de Portal, d'autre part. (Vaysse, not.)

338° En 1676, le 14 janvier, plainte par noble Guion de Saunhac de Villelongue, âgé de 50 ans, contre Jean de Cabanès, prêtre et Jean de Fabrègues. Le même jour : enquête et prise de corps de Cabanès. (Rigal signifié par Cayrouze.)

339° En 1676, le 29 novembre, enquête pour Guion de Saunhac contre son frère Jean de Cabanès. (Sans indication.)

343° En 1679, le 12 septembre, arrêt du Parlement pour les Religieuses de Notre-Dame, à Rodez, contre Guion de Saunhac Villelongue, Jean curé de Cabanès, François seigneur de Castan et autres. (Arch. Parlement.)

344° En 1679, le 16 septembre, requête au Roi par Guion de Saunhac Villelongue contre ses frères Castan et Cabanès.

345° Le 29 janvier 1682, à Rodez, permission pour une seule publication du mariage de Guion de Saunhac, avec Françoise de Vigouroux.

345 *bis* En 1681, le 6 septembre, contrat de mariage de Guion de Saunhac Villelongue avec Françoise de Vigouroux. Le mariage fut célébré à Abbas en 1682, dans les premiers jours de février, dispense ayant été obtenue de deux publications et la publication unique ayant été faite le 2 février 1682.

347° En 1682, le 6 juin, certificat établissant que Raymond de Saunhac de Piles a servi de 1677 à 1678, dans les Mousquetaires. (Original, signé : Jauvelle.)

348° En 1683, le 11 janvier, à Toulouse, requête par Guion de Saunhac Villelongue, mari de Françoise de Vigouroux. (Sans indic.)

349° En 1683, le 27 janvier, saisie au nom de Guion de Saunhac, seigneur baron de Villelongue.

351° Le 19 mai 1686, à Toulouse, acte passé par Barthélémy Malirac agissant pour Messire Guion de Saunhac, baron d'Ampiac et de Villelongue, âgé de 60 ans, détenu depuis 15 mois à la prison des Hauts Murats.

351 *bis* En 1684, brevet de Cornette au régiment de Roussy, pour Raymond de Saunhac de Piles. (Au Fossat.)

351 *ter* En 1686, le 2 août, mariage de Raymond de Saunhac, seigneur de Piles, fils de Charles et de Jeanne de Montégut, avec Anne de Jayan, fille de Bertrand de Jayan et d'Isabeau de Germa. (Bardy, not.)

351 *quater*, mariage de Henrye de Saunhac, fille de Raimond de Saunhac de Piles, avec Antoine de Goudal, seigneur de Sèpes et fils de Jean, seigneur de Baliargues, en 1653, le 28 août à la Mothe. (Doumergue, not.)

351 *quinto*, testament d'Henrye de Saunhac, femme d'Antoine de Goudal, le 8 juin 1684. (Marie, not.)

352o 1687, le 9 mars, brevet qui nomme Raymond de Saunhac de Piles ou Lombres cavalerie. (Original signé : Louis, au Fossat.)

354o En 1688, le 20 août, brevet du Roi pour Raymond de Piles, pour être Lieutenant au Chevau-légers de Gontaut. (Original, signé : le Tellier, au Fossat.)

355o En 1691, le 16 janvier, à Garrigues Lentin, Donation par François de Saunhac Castan dit avoir quatre fils, l'un Lieutenant au Régiment de Rouergue et dit Ampiac, le second Lieutenant au Saintonge, lesquels ne peuvent subsister sans le secours de leur père qui ne peut les aider, si son frère, le baron d'Ampiac ne l'aide pas. (Original Enjalbert, not.)

359o En 1696, à Nastiés Rieupeyroux, accord entre Jean de Saunhac de Tanus procureur de Françoise de Vigouroux et M. de Frézals. (Original Desmazels, not.)

363 *bis* En 1698, le 3 juin, à Montauban, jugement de Maintenue en Noblesse par Félix le Pelletier de la Houssaye, Intendant de la Généralité.

Sur le vu et production de leurs titres :

1o 1680, le 16 septembre, insinuation par le Juge Royal de Montcabrier et Duravel de la donation faite par noble Charles de Saunhac, à noble Jean de Saunhac, son fils en son mariage, avec Dlle de Jayan;

2o 1650, le 27 février, mariage de Messire Charles de Saunhac Belcastel, Baron de Verdun, avec Dlle Jeanne de Montégut devant Benoît, not. de Duravel;

3o 1635, le 12 octobre, testament de Messire Hector de Saunhac Belcastel, baron du Fossat Verdun qui donne l'usufruit à Catherine du Lion, sa femme et fait héritier Charles de Saunhac, son fils aîné;

4o 1621, le 29 décembre, mariage de Messire Hector de Saunhac Belcastel, seigneur du Fossat, fils de Messire Raymond de Saunhac Belcastel et de Dame Françoise de Fumel, avec Dlle Catherine du Lion, Gaubert, not.;

5o 1592, le 15 novembre, mariage de haut et puissant, seigneur Messire Raymond de Saunhac, seigneur, baron de Verdun, fils de haut et puissant seigneur Messire Pierre de Saunhac et de Dlle Marquèse de Gironde avec Dlle Françoise de Fumel (Costa et Rougier);

6o 1570, le 9 février, articles de mariage de Pierre de Saunhac, seigneur, baron de Belcastel, assisté de noble Jeanne de Peyrolles, sa mère, qui, confirme en sa faveur la nomination faite en faveur dudit Pierre, par le testament de noble François de Saunhac, son mari, avec Dlle Marquèse de Gironde (Vergnes, not., de Cazals);

7o 1561, le 3 mai, testament de Dlle Jeanne de Peyrolles, veuve de feu le seigneur du Fossat dans le tombeau duquel elle veut être enterrée, fait héritier noble Pierre de Saunhac, son fils (Arnaud Argenton, not);

8o 1538, le 9 février, cession de droits légitimes par Dlle Jeanne de Peyrolles, épouse de noble François de Saunhac de Belcastel, seigneur du Fossat à Antoine et François de Peyrolles, son père et son frère pour la dot de 1400 lrancs (Tibal Taurini, not. de Cahors);

9º 1542, le 26 juillet, transaction entre noble et puissant seigneur François de Caussade, seigneur de Tonnens et François de Saunhac de Belcastel, Écuyer, seigneur du Fossat (Jean Cueillard et Pierre Fazas, not. royaux);

10º 1542, le 31 janvier, testament d'honorable homme M. Jean de Caussade, protonotaire apostolique qui fait héritier, noble Jean de Saunhac, fils de François de Saunhac de Belcastel, son neveu (Jean Cambaneau, not., royal);

11º 1538, le 9 février, mariage de noble François de Saunhac de Belcastel avec D^{lle} Jeanne de Peyrolles (Taurini not.) (Original signé : le Pelletier de la Houssaye, bibl. nat.);

364º En 1698, le 11 décembre, à Albi, mariage de Jacques de Saunhac, seigneur de Castan, Ampiac, la Gasconie, fils de François seigneur de Castan assisté d'Antoine Enjalran, procureur de D^{lle} Anne de Bourzès, et D^{lle} Catherine de Roquefeuil, fille de Jean de Roquefeuil de la Bessière et de feu Marie de Saunhac d'Aiguesvives. (Enjalran, not.)

364 *bis* En 1702, le 23 mai, donation par Françoise de Vigouroux, veuve de Messire Guion de Saunhac, en faveur de Armand Jean-Antoine de Saunhac, son fils et dudit Guion son mari. (Original des Mazels, not. Arch. A Ampiac.)

365º En 1703, le 12 septembre, au Pompidou Soturac, testament de Marie de Jayan, femme de Jean de Saunhac, laquelle lègue à Isabeau-Marie-Françoise-Galiotte; Jean-Joseph, fils aîné institué. (Teysseres, not.)

367º En 1703, le 13 mars, à Soturac, certificat de vie pour Charles de Saunhac Belcastel, âgé de 78 ans. (Orig., au Fossat.)

367 *bis* En 1706, le 31 janvier, mariage à Saint-Céré en Quercy, de Messire Antoine-Jean-Armand de Saunhac, baron d'Ampiac et de Villelongue avec D^{lle} Jeanne-Catherine de Belhomme, fille de Michel Louis et de Catherine de Marcilhac. Le mariage fut célébré le 16 février 1706, à Saint-Céré. (Cantaloube, not.)

368º En 1709, le 12 avril, mariage d'Isabeau de Saunhac, fille de Jean de Saunhac et de Marie de Jayan, avec François Lafargue Bourgeois. (Coutrix, not.)

369º En 1710, le 6 mai, testament de Charles de Saunhac Belcastel, mari de Jeanne de Montégut, nomme Raymond, seigneur de Piles, Jean seigneur de Gramond, Isabeau, mariée à N. la Grange, Louise mariée à N... Atgié, Henrie, Jeanne, femme de Siscam de Cavanhac, institue Jean de Saunhac du Fossat. (Vessié, not.)

369 *ter* Accord le 15 mai 1710, entre D^{lle} Thérèse de Saunhac, d'une part et Armand-Jean-Antoine de Saunhac, Chevalier, baron de Villelongue son frère. (Original des Mazels, not.)

370º En 1714, le 6 février, au Ramel en Agenais, mariage de Jean Froment avec Marie de Saunhac, D^{lle} du Rame fille de Jean de S. et de feu Marie de Jayan. (Carle, not.)

371º En 1717, le 2 juillet à Montagnac Agenais, mariage de Joseph de Saunhac du Fossat avec Jeanne de Saunhac, fille de François, seigneur de la Valetteen Quercy. Elle était fille d'une Lombarès. (Tribié, not., au Fossat.)

372º En 1718, le 26 avril au Fossat, accord entre Jean de Saunhac du Fossat et Joseph de Saunhac du Fossat, relative à une bâtisse. (Teysseyre, not. au Fossat.)

374 *bis* En 1723, le 4 juin, hommage de Villelongue par Messire Armand Jean-Antoine de Saunhac Villelongue devant les Trésoriers de France, à Montauban.

380º En 1734, le 14 août, testament de Jeanne de Saunhac, veuve de Joseph qui nomme 7 enfants : Jean, 2º Gui; 3º Jeanne; 4º Marguerite; 5º autre Marguerite; 6º Marie-Marguerite; 7º Marie. (Thibault, not., au Fossat.)

380 *bis* Le 4 avril 1736, lettre du cardinal de Fleury, de la part du Roi à M. le marquis de Villelongue.

381 *bis* En 1741, achat de Castanet, faisant partie de la baronnie de Castelnau Peyralès par Jean-Antoine de Saunhac Villelongue. Le vendeur était François d'Albignac, marquis du Triadou. Prix : 8000 l. (Delpons, not.)

382º En 1743, le 18 avril, le Duc d'Harcourt, capitaine des Gardes du Corps donne congé au seigneur du Fossat, qui a servi pendant 18 mois pour être lieutenant au régiment d'Aumont Cavalerie. (Au Fossat.)

383º En 1743, le 4 mai, brevet de Lieutenant au régiment d'Aumont, pour le seigneur du Fossat. (Arch. du Fossat.)

385º En 1744, le 25 novembre, testament de Gui de Saunhac, qui voulant reprendre ses études après avoir servi au régiment d'Anjou. (Graffiade, not., au Fossat.)

386º En 1747, le 30 avril, lettres d'État en faveur du seigneur du Fossat, Lieutenant au régiment du Prince Camille Cavalerie. Signé Louis, Au Fossat.

390º En 1759, le 17 septembre, à Versailles, provision de Chevalier de Saint-Louis pour Jean de Saunhac du Fossat, Lieutenant au Damas Cavalerie (Au Fossat.)

392º En 1760, le 24 octobre, à Cassel, passeport pour le sieur du Fossat, Lieutenant Damas, Cavalerie, signé par le Maréchal de Broglie, (Au Fossat)

394º En 1761, le 28 juin, ordre de M. de Langeron, commandant, à Wesel (à M. le baron du Fossat, d'aller à Clèveset à Burick les 30 juin et 1er juillet. Original, signé Langeron. Arch., du Fossat.)

395º En 1761, le 28 juin, ordre au baron du Fossat d'aller au château de Dreisberg. (Au Fossat.)

396º En 1762, le 26 juin, brevet de Capitaine au Royal-Navarre, Cavalerie pour Jean de Saunhac du Fossat. (Au Fossat.)

397 *bis* En 1772 le 22 août à Villelongue, testament de Jean Michel-Louis de Saunhac, comte de Villelongue, rappelle ses fils Jean-Jacques-Antoine-Louis, Louis-Phillippe-Henri, Gabriel-Amans-Charles, institue Jacques-Jean-Armand-Antoine, lègue aux posthumes, 6.000 l. (Insinué à Sauveterre, le 1er juin 1773.)

405º En 1786, collation de la Chapellenie d'Escorbiac, à Sainte-Gemme, Albigeois, à Jean François de Saunhac de Castan, prêtre.

407º En 1788, le 31 mars, testament de Jean de Saunhac, baron du Fossat lequel mourut le 18 mars 1789. (Cazes, not., au Fossat.)

408º En 1797, le 13 septembre, mariage de François Gui de Saunhac du Fossat, fils de Gui et de Claudine de Dreux avec Cécile de la Sudrie. (Au Fossat.)

410º Lettre de M. de Vergennes, à Jean de Saunhac, baron du Fossat, en réponse à celle que ce dernier lui avait écrite. (Synopsis of the History of the Louisiana by Chevalier Gui Soniat du Fossat, p.5. Publié à New-Orléans, en 1903, par Charles T. Soniat.)

410 *bis*. En 1761, le 16 juin, Transaction entre Messire Louis-Michel-Jean de Saunhac, baron d'Ampiac, comte de Villelongue, lieutenant des Maréchaux de France faisant tant pour soi que pour Messire Armand-Jean-Antoine de Saunhac, baron de Villelongue son père d'une part,

Et Messire Henri-Philippe de Véranne, de la Voulte en Vivarais, agissant comme mari de Dame Louise de Saunhac, fille dudit Armand-Jean-Antoine de Saunhac. (Original Gabriac, not.)

411º En 1757, le 22 octobre, provisions du Grand Sceau de France pour la charge de Lieutenant des Maréchaux de France en faveur de Michel-Jean-Louis de Saunhac. (Original, signé : Balsa.)

412º En 1758, le 28 août, enregistrement au Parlement de Toulouse des Lettres Patentes accordées par le Roi le 22 octobre 1757, en faveur de Michel-Louis-Jean de Saunhac de l'Office de Lieutenant des Maréchaux de France vacant par la démission d'Arnaud-Jean-Louis de Cadrieu. (Arch., du Parlement.)

413º En 1766, le 13 octobre, à Sauveterre, vente par Dame Marguerite de Rességuier, épouse de noble Victor de Galaup de la Pérouse comme héritière de Dame Françoise de Moly, veuve de Jacques de Rességuier, en faveur de :

Messire Jean-Michel-Louis de Saunhac d'Ampiac, Baron d'Ampiac, Comte de Villelongue, Lieutenant des Maréchaux de France. (Original Teulier, not.)

414º En 1745, le 12 août, mariage de Messire Michel-Louis-Jean de Saunhac d'Ampiac, baron d'Ampiac, Comte de Villelongue, fils de Messire Jean Antoine de Saunhac, Marquis de Villelongue, seigneur de Castanet, etc., et de Dame Jeanne-Catherine de Belhomme, d'une part,

Et D^lle Marguerite de Portal, fille légitime de Messire Jean de Portal, seigneur d'Ampiac et de Dame Marguerite de Gavarret.

Le Comte de Villelongue, assisté de Messire Gabriel de Saunhac, prêtre, docteur en théologie, Chanoine de Saint-Christophe, son cousin et aussi cousin dudit Marquis de Villelongue, et porteur de la procuration de Dame Catherine de Belhomme. (Original Teulier, not.)

415º En 1745, le 9 septembre, dispense d'empêchement canonique au troisième degré pour Jean-Michel-Louis de Saunhac de Villelongue et D^lle Marguerite de Portal d'Ampiac. (Original papier.)

416º En 1772, le 22 août, à Villelongue, Testament olographe de Jean-Michel-Louis de Saunhac, Comte de Villelongue qui rappelle : 1º Jean-Jacques-Antoine-Louis; 2º Louis-Philippe-Henry; 3º Gabriel-Amans-Charles, ses trois fils cadets, institue Jacques-Jean-Armand-Antoine, fils aîné et lègue 6000 livres à chacun des posthumes mâles ou femelles. (Insinué le 1er juin à Sauveterre, en 1773, l'original fut exhibé par Jean-Antoine-Jacques-Louis de S., Lieutenant des Maréchaux de France, en 1777.)

417º En 1779, le 29 août, testament de Messire Jean-Antoine-Jacques-Louis de Saunhac, Chevalier, Comte de Villelongue, Lieutenant des Maréchaux de France. Il institue héritière particulière pour un tiers Marguerite d'Ampiac, sa mère.

Lègue à Louis-Philippe-Henri et Gabriel Amans-Charles, ses deux frères. Institue Jean-Jacques de Saunhac d'Ampiac, son frère aîné. (Original Teulier, not.)

418º En 1732, le 30 décembre, mariage de noble Valentin de Saunhac, fils légitime de noble Jacques de Saunhac, seigneur d'Ampiac et de Dame Catherine de Roquefeuil, habitants de la Gasconie, paroisse de Lentin, assisté de noble Jean de Saunhiac, son frère d'une part, et Dlle Marie de At, fille de Pierre de At et de Marianne de Frayssinet, habitante de Frayssinet, paroisse de Cabanès. (Rollendes, not.)

419º En 1763, au mois d'octobre, à Réquista, mariage de noble Valentin de Saunhac, veuf de Marie de At, avec Dlle Marianne Pendaries, fille de feu Étienne Pendaries et de Catherine de Foissac, habitante du Couderc, paroisse de Saint-Cyrice de la Raffinie. (Collationné le 12 mai 1785, par le curé de Réquista et expédié aussi le 24 novembre 1795 par Gaubert, secrétaire municipal.)

420º Bernard de Saunhac de Limayrac, vivant vers 1420. (Arch., Av., E., 1466.)

421º Jean de Saunhac de Limayrac, vers 1574. (Arch. Av., E., 717.)

422º Jean de Saunhac de la Poujade, seigneur de Limayrac (Arch., du Parlement, série C, en 1595.)

423º Le même en 1598. (Arch. Bonald, nº 1022.)

424º Guillaume d'Yzarn, Chapelain de Flavin, en 1567. (Arch., Av., série E, 1445.)

425º Rotulus Vasconiæ anno 13 Edwardi I., 1284 et 1285.

... « Enquête de la part de Pierre Ferrandi, Chevalier sur l'introduction de pourceaux dans les bois de Saunhac.

Data ut suprà, teste Rege, apud Westminster, *Membrana, 12 adhuc,* fº 17, dudit Catalogue, t. I, de Thomas Carte.

1285 et 1286 *Rotulus Vasconiæ Ann, 14 Edwardi Primi, membrana, 1,* art. 6, autre Enquête sur l'introduction de porcs dans les bois de Saunhac au préjudice de Pierre Ferrandi, Chevalier.

Data ut suprà apud Westminster, 4 junii vel 8 junii, fº 19 du Catalogue des Rôles Gascons, t. I.

1313-1314 Rotulus Vasconiae Anno 7 Edwardi secundi, membrana 13, art., 3 de Custodia Castri et Baillivæ de Masdire, concessa Vitali de Saunhac 29 augusti, fº 44 du Catalogue des Rôles Gascons, t. I.

1315-1316, Rotulus Vasconiæ Anno 9, Edwardi secundi, membrana 20 art., 7 de Custodia Castri et Bastidæ de mars dyxe concessa Petro de Saunhac, teste Rege ut suprà 30 julii apud Langele, fº 47 t. I, du C.

A la Table desdits Catalogues, on lit :

Table du tome I : Sauniac Vital de Sauniac I.............. 44
                   Sauniac (Pierre) I................... 47
Table du tome II : Saunac II........................... 17 et 19
                   Sanuhac ou Saunhac II.............. 17 et 19
                   Sounhac, voyez Saunhac.

(Cela prouve combien, en ce temps-là, l'orthographe était indécise.)

426º PARENTÉ SAUNHAC-LAUZUN-BELZUNCE

Gabriel Nompar de Caumont comte de Lauzun.
ép.
Charlotte d'Estissac

François, comte de Lauzun		Jeanne de Caumont
ép.	*frère et sœur:*	ép.
Catherine de Grammont		François de Fumel

Gabriel, comte de Lauzun		Françoise de Fumel
ép.		ép.
Charlotte de la Force	*cous. germ.*	Raymond de Saunhac

Anne de Lauzun Duc de Lauzun	*issus de germ.*	Hector de Saunhac.
ép.		
le Marquis de Belzunce		

Mgr de Belzunce.

427º FRAGMENTS D'UN POÈME ANGLO-NORMAND
SUR LA BATAILLE DE LA MASSOURE

(L'original se trouve au *British Museum*, Bibliothèque Cottonienne, Londres.)

« Au carême prenant de l'Incarnation mil deux cent quarante-neuf nommément, quand le Comte d'Artois dut passer le fleuve entre l'Égypte et Babylone et avec lui maint homme.

« Et le Maître du Temple avec sa grande puissance, le vaillant

Comte Guillaume et ses chevaliers assaillirent les logements aux Sarrasins maudits qui dehors Mansourah furent logés.

. . . .

« L'armée des chrétiens s'est portée en arrière, le Maître du Temple, chevalier, avec ses Frères et le Comte d'Artois déploie sa bannière, là il voulut demeurer. . . . .

« Dit le Maître du Temple, le bon chevalier : Il serait très profitable d'ici demeurer, de nous reposer nous-mêmes, de soigner nos blessures et de mettre notre Sire le Roi à même de passer et de nous loger tous autour de lui et de toutes parts assiéger le château avec notre armée.

« Pendant ce temps, nous pourrons pointer les engins pour abattre les maisons et briser les murs et prendre le Soudan avec sa grande puissance ; ni mur, ni maison ne leur sera d'aucun secours qu'ils ne soient mis en pièces avec des épées d'acier. De cette manière, nous les pouvons tous avoir.

« Nous avons besoin de repos, nous sommes fatigués. Mère de Dieu de gloire, nous avons bien travaillé, honoré soit le roi Jésus qui si bien nous a aidés. Sans lui, nous n'eussions rien conquis. Qu'il en soit honoré.

« Dit le Comte d'Artois : Holà, sire Templier, toujours peau de loup vous voulez avec nous porter. Vous deviez par raison avant tous aller, donner aux autres l'exemple de bien travailler.

« Le Maître du Temple répond courtoisement : Peau de loup ne portons-nous pas, ce savent les honnêtes gens. Vous ne serez jamais aussi prêts, maintenant allez-vous en, nous serons les premiers et vous verrez comment.

« Dit le Comte Longue Épée : Le Maître dit son avis très sagement, car il sait beaucoup de guerre et bien il nous apprend.

« Le Maître du Temple éperonne le cheval et le Comte Longue Épée déploie son étendard. Ils sont les premiers, ils étaient très vaillants, ils entrèrent dans Mansourah comme dans leur propre logis. . . . .

« Le Maître du Temple, Guillaume fut nommé. Sa lance il tint et bien frappa d'épée des Turcs, et des émirs fortement il fut blessé. Pour cela, entre les Sarrasins grand cri est levé.

« Bien crurent les Sarrasins l'avoir étonné, mais il fut fort preux et vaillant et de cœur hardi, il mit la main à l'épée qui très bien fut fourbie. De trois Turcs, hautes gens, il abattit le cri, qui entre les émirs furent bien ouïs ; de l'épée tranchante, il les fendit par le milieu.

« Un Sarrasin vint courant qui léger fut à pied, en sa main il porta un couteau qui fut envenimé, il haussa la couverture de son cheval armé et il donna au Maître un coup grand au côté droit.

« Le Maître sentit très bien que mauvaisement il fut blessé, et il voulut frapper un émir qui fut très renommé. Son cheval lui faillit, car à la mort il est livré. Le cheval choit à terre, le Maître reste à pied, un frère vint courant très vite, qui bien fut monté, au Maître il donna son cheval. Le Maître monta vivement, jamais il ne fut si joyeux. Il prit en son poing sa lance bien ferrée d'acier, il court à un émir monté sur un cheval, parmi le corps il le frappa. Il ne put avoir durée. Le corps choit à terre, le diable prit son âme. De Dieu soit béni qui tel coup a donné.....

« Et le Maître éperonna son cheval qui est fort et léger. Il court à un émir qui est fort, cruel et fier, à la chrétienne gent il eut fait de l'embarras et encore il en fera s'il peut, mais il n'en n'aura pas le pouvoir.

« Et le Maître le frappa de sa lance raidement et il en faussa ses armes complètement, contre la poitrine il le frappa tout droit, il l'abattit froid mort. Leca virent plus de cent.

« Un Sarrasin vint courant, son ami très cher, un émir félon qui eut à nom Béder, avec une lance raide son ami il voulait venger et il voulait au Maître par le corps donner, mais Longue Épée ne voulut plus demeurer, lui et son grand cheval il fit à terre tomber, il court à cet émir un chemin tout droit et il lui coupe la tête et emmène le destrier.

« De Lui le Maître fut très bien libéré. En avant court son cheval joyeux et gai. Un Sarrasin l'atteint avec un dard envenimé et fit au Maître une plaie qui fut large et profonde. Le Maître sentit bien qu'à mort il fut blessé, il court aux logements où ils furent hébergés, confès et repentant et après avoir reçu la communion il mourut bien vite, sans plus de retard. Son âme à Dieu fut richement présentée..... »

INDEX DES NOMS

N.-B. — Les nombres en chiffres arabes indiquent la page, les nombres
en chiffres romains indiquent le Degré.

Ex. : « Saunhac du Fossat (Armand de) [XXIV], 52. »
On trouvera ce nom à la page 52, au Degré XXIV.

A

B

D

DAYRIES (N.), 76.
DELCROIX (Louise), 53.
DELZONS DE TROUNIAC (François DE), 42.
       — (Jeanne DE), 42.
DEVÈZE (N. DE LA), 57.
DOLIN (Étienne DE), 85.
  — (Hélène DE), 85.
DORDAIGUE (Jeanne DE), 75.

DORDAIGUE (Mathurin DE), 75.
DORIOCOURT (N.), 48.
DOUSSAN (Théodore), 50.
DREUX (Claudine DE), 45, 118.
  — (Mathurin DE), 45.
DULCE AQUA ou LA DOUZE (M. DE), 21.
DURALDE (Louise), 47.
DURFORT (Jacques DE), 57.

E

ESTAING (Bégon D'), 30.
  — (François D'), évêque de Rodez, 32, 101.
  — (Pons D'), 101.

ESTISSAC (Charlotte D'), 40, 119.
ESTREES (Gabrielle D'), 60.
ESTROA (Hugues DEL), 91.

F

FABRE (Philippe DE), 43.
FAIRCHEAUD (N.), 53.
FARE (Bérenger DE LA), 21.
FENAYROLS (Ratier DE), 28, 96.
FERRANDI (Pierre), 118.
FERRANDIE (Antoine DE LA), 34.
FLEURY (CARDINAL DE), 68, 116.
FOISSAC (Catherine DE), 118.
FORTIER (Louise-Anne), 54.
FOYSSAT (Arnaud DE), 39, 40, 103, 107.
FRAMOND (François DE), 85.

FRAMOND (Hélène DE), 85.
  — (Hugues DE), 100, 101.
FRANCE (Constance DE), 32.
FRAYSSINET (Marie-Anne DE), 71, 118.
FREZALS (N. DE), 114.
FROMENT (Jean DE), 115.
FUMEL (François comte DE, 39, 106, 109, 119.
  — (Françoise DE), 39, 40, 41, 106, 109, 114, 119.
  — (Louis DE), 40.
  — (Vicomte DE), 40.

G

GALARD-BRASSAC (N. DE), 61.
GARCEVAL (Aymar DE), 58.
GAUBERT (Adhémar DE), 91.
GAULEJAC (Jeanne DE), 14.
GAUTHIER DE SAVIGNAC (Mathelin DE), 33, 101.
GAVARRET (Marguerite DE), 117.
GAYRAL (Jacques DE), 64.
GERMA (Isabeau DE), 42, 113.
GINESTEL (Charles DE), 63.
  — (Jacques DE), 63.
GIRONDE (Brandelis DE), 39, 105.
  — (Jean-Louis DE), 74.
  — (Louis DE), 73.
  — (Marc DE), 73.
  — (Marquèse DE), 39, 74, 105, 106, 109, 114.
  — (Pierre-Jean-Louis DE), 74.
GISCLARD DEL BATUT (Louis DE), 70.
GIVERSAC (N. DE), 40.
GLANDIÈRES (Jean DE), 102.
    — (Jeanne DE), 78.

GOUDAL (Antoine DE), 40, 111, 114.
GOUDAL-BAILLARGUES (Jean DE), 40, 111, 114.
GOURDES (Hélix DE), 86.
GOZON (Delphine DE), 78.
  — (Isabeau DE), 65, 111.
  — (Jean DE), 65.
  — (Siméon DE), 65.
GRAMONT (Catherine DE), 119.
GRANSAULT-LACOSTE (Marie DE), 46.
GRIMOARD (Marguerite DE), 78.
GRIPIÈRE DE MONCROC (Guillaume-Ambroise DE), 46.
GRIPIÈRE DE MONCROC (Mathilde DE), 46.
GUIBERT (Adhémar DE), 91.
GUILHEM-CLERMONT (Bourguine DE), 29.
GUIRARD (Pierre), 92.
GUITARD (Guillaume), chevalier, 17, 92.
  — (Hélix), 32, 96, 100.
  — (Pierre), chevalier, 16, 92, 95.

H

I

J

L

M

S

SAUNHAC BELCASTEL LA MOTHE FERRENSAC (Marguerite DE), f. de Pierre-Jean-Louis, 73, 104.

— — (Marie DE), f. de Pierre-Jean-Louis), 73, 74.

— — (Pierre-Jean-Louis DE), 73.

SAUNHAC DE LA CALSADE (François DE), 89.

— — (Gu'on DE), 89.

— — (Marie DE), épouse N..., 89.

— — (Marie DE), épouse N. DE VABRÉ, 89.

— — (N... DE), 89.

— — (N... DE), dite « D^{lle} D'AIGUE », 89.

SAUNHAC DE CASTAN (François DE), fils d'Hercule, 64, 70, 111, 112, 113, 114.

— — (François DE), f. de Jacques, 70, 115.

— — (Jacques DE), 71, 111, 114, 115, 118.

— — (Jean DE), f. de Valentine. 71, 118.

— — (Jean DE), gouverneur de Péronne, 71.

— — (Jean-François DE), évêque de Perpignan, 71, 72, 105, 118.

— — (Valentin DE), 71, 118.

SAUNHAC DE LA CLAUSADE (Anne DE), 75.

— — (Denis DE), 76.

— — (François DE), seigneur de Lombarès, 75, 116.

— — (François DE), seigneur de Lombarès (fils), 75.

— — (Guion DE), 39, 74.

— — (Hector DE), 74.

SAUNHAC DE COLOMBIES (Antoine DE), 84.

— — (Delphine DE), 84.

— — (Guillaume DE), 84.

— — (Isabelle DE), 84.

— — (Jean I DE), 84, 101, 102.

— — (Jean II DE), 84.

— — (Jean DE), fils de Jean II, 84.

— (Louis DE), 84.

— (Marie DE), fille de Jean, 84.

— (Marthe DE), 84.

SAUNHAC DU FOSSAT (Adèle DE) [XXIII], 48.

— — (Agathe-Antoinette DE), 45.

— — (Alfred DE), 24.

— — (Amédée DE) [XXIII], 50.

— — (Amélie DE), 51.

— — (Anna-Gladys DE) [XXV], 49.

— — (Armand DE) [XXI], 52.

— — (Armand-Augustin DE), baron du Fossat, 46.

— — (Arsène de) [XXIII], 48.

— — (Auguste DE) [XXIV], 52.

— — (Bertrand DE), auteur de la Br. de La Mothe Ferrensac, 39, 103, 105.

— — (Blanche DE) [XXIV], 48.

— — (Catalina DE), 45.

— — (Cécile DE), 46.

— — (Célestine DE) [XXIII], 48.

— — (Célestine DE) [XXII], 47.

SAUNHAC DU FOSSAT (Célestine-Estelle DE) [XXIII], 48.

— — (Charles DE), f. d'Hector, 41, 109, 111, 112, 113, 114, 115.

— — (Charles DE), m. à Arsène REY [XXIII], 48.

— — (Charles DE), seigneur de Quins, 40.

— — (Charles-Méloncy DE), f. de Gui-Joseph, 52.

— — (Charles-Octave DE) [XXIII], 48.

— — (Charles-Théodore DE) [XXIII], 54.

— — (Charles-Théodore DE) sénateur [XXIII], 49.

— — (Charlotte DE), m. à H. DE BOISBLANC, 47.

— — (Clémence DE), m. à Frank BABIN [XXIII], 50.

— — (Dufossat DE) [XXIII], 48.

— — (Edmond DE), f. de Gui-Jos, 47, 50.

— — (Édouard DE) [XXIV], 52.

— — (Élisabeth DE), f. de Gui, 45.

— — (Élise-Lydia DE) [XXIII], 54.

— — (Elve DE) [XXIV], 50.

— — (Émelina DE) [XXIII], 48.

— — (Émile DE) [XXV], 49.

— — (Émile DE) [XXIV] 49.

— — (Émile-Antoine DE) [XXIII], 53.

— — (Émile-Antoine DE) XXIII], 53.

— — (Emma DE), m. à N. LYNCH [XXIII], 49.

— — (Emma DE) [XXIV], 53.

— — (Ernest DE [XXIII], 49.

— — (Estelle DE), m. à Louis TRICOU [XXIII], 48.

— — (Eugène-Michel DE), [XXIV] 50.

— — (Eugène DE) [XXIV], 50.

— — (Félicité DE) [XXIII], 48.

— — (Félix DE) [XXIII], 48.

— — (François-Oscar DE) [XXIII], 51.

— — (François DE), baron du FOSSAT, 38, 102, 103, 118.

— — (François DE), fils de Gui, 45.

— — (François DE) [XXIII], 47.

— — (François DE) [XXIII], 48.

— — (Françoise DE), f. d'Hector, 41, 109.

— — (Françoise DE), relig., 41.

— — (François-Gui DE), baron du Fossat, 46, 117.

— — (François-Gui DE), 45, 46.

— — (Gabrielle DE), f. d'Hector, 41, 110.

— — (Galiot DE), f. de Charles, seigneur de Gayrac, 42, 110.

— — (Galiotte DE) f. de Jean et de Marie DE JAYAN, 42.

T

U

V

Y

Toulouse. — Les Frères DOULADOURE, impr., rue Saint-Rome, 39 — 1926 — 6457

9 782329 177892